教育可以变得简单

献给教师和家长的书

黄俭◎著

中央文献出版社
江蘇鳳凰教育出版社
Phoenix Education Publishing, Ltd

图书在版编目（CIP）数据

教育可以变得简单：献给教师和家长的书／黄俭著.
—南京：江苏凤凰教育出版社，2018.11

ISBN 978-7-5499-7820-5

Ⅰ.①教… Ⅱ.①黄… Ⅲ.①教育研究 Ⅳ.①G40-03

中国版本图书馆 CIP 数据核字（2018）第 282230 号

书　　名	教育可以变得简单——献给教师和家长的书
作　　者	黄　俭
责任编辑	雷利军　张晓兰
出版发行	江苏凤凰教育出版社（南京市湖南路 1 号 A 楼　邮编 210009）
苏教网址	http：//www.1088.com.cn
照　　排	北京世纪鸿文制版技术有限公司
印　　刷	三河市九洲财鑫印刷有限公司
厂　　址	河北省三河市灵山大口
开　　本	787 毫米×1092 毫米　1/16
印　　张	12.5
字　　数	174 千字
版　　次	2019 年 8 月第 1 版　2019 年 8 月第 1 次印刷
书　　号	ISBN 978-7-5499-7820-5
定　　价	36.00 元
网店地址	http：//jsfhjycbs.tmall.com
邮购电话	025-85406265,85400774　短信　02585420909
E - mail	jsep@vip.163.com
盗版举报	025-83658579

苏教版图书若有印装错误可向承印厂调换

提供盗版线索者给予重奖

序　言

Preface

看完《教育可以变得简单——献给教师和家长的书》后我心中立马产生了两种感觉：一是这本书写得真好；二是自己有责任向更多的人推荐这本书。

觉得这本书写得好，理由有三：第一，书中的内容很好。我看过很多有关教育的书籍，但很少有直接谈到学生观与孩子观、教育观与教学观、成长观与成功观的。它破解了很多教师与家长在教育孩子过程中的难题。当今社会对教育十分关注，教师和家长秉持什么样的教育观对孩子的发展非常重要。孩子获得怎样的发展才算成功？教师和家长该采取什么方式促进孩子的成长？书中都有回答。第二，观点很新。如书中谈到“做一个被需要的人”“什么样的学生才是‘好学生’？”“肯定的力量”等都表达了作者的鲜明观点，这无论对教师还是家长都会产生较大启发，也为很多年轻的家长提供了教育的指导。第三，书中提供的案例很经典，如“守护孩子的纯粹世界——在乎‘小鱼在乎’的小男孩”“挫折使人更优秀”“向总统成功推销斧子的‘推销员’——自信是一种强大的力量”“老师相信你一定能行”“我们需要等等孩子”“走进小北的心灵——关注学生的心灵世界”“课堂上的师德”等都是一些令人深思的案例，而对案例的点评分析切中要害，从平凡的案例中引申出大道理，起到了它山之石可以攻玉的效果。

为什么有责任向更多的人推荐这本书？因为当今社会进入了一个新的时代，人们对教育的重视和关注无以复加，但对于如何破解教育的难题却缺乏良策。怎样才能使我们的教育担当起民族复兴的重任？这需要国人有更多的智慧。因此，我真诚地希望这三类人认真看看这本书：第一类是教育行政管理部门的人员。作为教育管理部门不能一味地下达分数指标，而应多从业务上进行专业指导，多一点调查、少一点检查，多一点关心、少一点行政干预，为教育营造风清气正的环境。第二类是中小学教师和校长。教师和校长不能为了应试而过于功利，要按照教育规律办学、教学，不能为了分数而损害孩子的身心健康，要有正确的学生观与孩子观、教育观与教学观、成长观与成功观，要把学生的健康成长作为学校一切工作的出发点和落脚点。第三类是家长。很多家长为了不让孩子输在起跑线上，常采取拔苗助长的方式培养孩子，孩子为了不辜负家长的期望而背负着沉重的压力，这样常常得不偿失。家长应该如何关爱孩子大有学问，“请等等孩子吧”。

教育是国家大计，是中华民族复兴的希望。如何让我们的教育承载十三亿人的期待，需要社会上每个人都像作者一样贡献自己的智慧，那么我们的教育明天一定会更好！

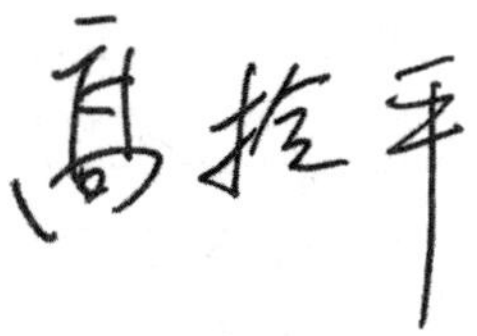

2019 年 6 月于北京

自 序 Preface

长久以来，我一直关注着教育的发展，因为教育不仅是民生事业，更是国之大计。我始终认为，唯有教育才是国家强盛的希望。

在教育这个伟大的事业中，教师、家长、学生和孩子无疑是重要的组成部分，他们扮演着重要的角色并肩负着实现教育的历史使命，可以说，他们对于教育的认知和态度，决定着教育的成败和兴衰。幸运的是，孩子、学生、家长、教师，这四种身份在我身上都有体现。这四种身份让我和各种人打交道，其中我最理解的是学生，最同情的是家长，最担心的是教师。理解学生的无奈，同情家长的操心，担心教师的压力。

人需要教育，但“教育”这两个字却让很多人纠结，主要是因为教育常常给人带来困扰。我早就萌发了以教育叙事的方法写本书的愿望，即通过大量案例讲述教育的道理，让人们走进教育，理解教育，对教育既有期望，又能认识到教育不是万能的，教育是需要时间的，但不是有时间就能解决一切问题。教育与学习成绩有关，但学习成绩的好与坏，又不是教育的全部。还原教育本质，褪去教育功利，于每一个人都有必要。其实教育可以很简单。

自 2006 年，我到湖北省教育厅工作以来写了很多教育案例，大部分被刊登。自此，一直有写本书的冲动，但始终担心写不好。朋友、同事都认为我的想法很好，一直鼓励我。到省委党校履职后，我开始思考写这本书的事。

我本科学的专业是数学，硕士研究生学的是教育管理，博士研究生学的是教育经济管理。从教18年里，当过教师、班主任、副校长、校长，在教育局基教处工作过，在教育厅副厅长岗位上分管过基础教育。从教之余，我进修不断，参加过省骨干校长培训班、教育部“面向21世纪校长班”；两次赴美学习，参观过美国60余所学校，体验较多，感受较多，思考较多。我自认为已有写此书的基础了。

书中的案例有我自己经历的，也有来自报刊、图书、网站的，由于来源较多，无法在书中一一注明，在此一并感谢案例作者提供的丰富素材。成书付梓之前，我请教于在一线工作的教师和学者朋友们，请他们帮我看看这些案例是否适用，感悟是否得当，这些朋友都给我提出了很多的宝贵意见和建议，最终能使本书以这样的面容呈现在读者面前。如果本书能给读者带来启发和感触，能使大家有愉悦感和轻松感，那么，我将感到莫大的荣幸。

黄　俭

2018年春于武汉万松园

目 录

Contents

实践篇

提升篇

引 言

Introduction

教育与每个人、每个家庭息息相关。从时间上说，一个人仅从小学到大学毕业就有16年，大约是人生的五分之一；从影响上说，一个人接受的教育又会对其人生产生重大影响。由于周期长、影响大，所以大家都关心教育、关注教育，对教育有很多期待，有时也有些无奈。不少教师和家长认为教育太难了，特别是教师付出了心血，教学效果却不理想时，会感觉到教育更难！“在父母的眼中，孩子常是自我的一部分，子女是他理想自我再来一次的机会。”持这种观点的家长，对教育就有了功利性的一面，一旦孩子不能如己所愿，就会深感教育之难。

其实，教育本身不管多么复杂，都有其规律，只是我们有时陷入乱麻之中，不能跳出来，所以会认为教育太难。如果我们从对教育的认识上开始改变，从行动上去探索，从自身素质上去提升，我深信，我们可以让教育变得简单些。

请大家先读一封信和一首歌的歌词。这封信是台湾作家张晓风于1983年写的，叫《我交给你们一个孩子》；歌词是九岁小男孩吴耀杰所作的，叫《我只是个孩子呀》。

让我们先看看作家张晓风的信《我交给你们一个孩子》：

我交给你们一个孩子

小男孩走出大门，返身向四楼阳台上的我招手，说：“再见！”那是好多年前的事了。那个早晨是他开始上小学的第二天。

我其实仍然可以像昨天一样，再陪他一次，但我却狠下心来，看他自己单独去了。他有属于他的一生，是我不能相陪的，母子一场，只能看作一把借来的琴弦，能弹多久，便弹多久，但借来的岁月毕竟是有其归还期限的。

他欢然地走出长巷，很听话地既不跑也不跳，一副循规蹈矩的模样。我一个人怔怔地望着巷子下细细的朝阳而落泪。

想大声地告诉全城市，今天早晨，我交给你们一个小男孩，他还不知恐惧为何物，我却是知道的，我开始恐惧自己有没有交错？

我把他交给马路，我要他遵守规矩沿着人行道而行，但是，匆匆的路人啊，你们能够小心一点吗？不要撞倒我的孩子，我把我的至爱交给了纵横的道路，容许我看见他平平安安地回来！

我不曾搬迁户口，我们不要越区就读。我们让孩子读本区内的小学而不是某些私立明星小学，我努力去信任自己国家的教育当局，而且，是以自己的儿女为赌注来信任——但是，学校啊，当我把我的孩子交给你，你保证给他怎样的教育？今天清晨，我交给你一个欢欣诚实又颖悟的小男孩，多年以后，你将还我一个怎样的青年？

他开始识字，开始读书，当然，他也要读报纸、听音乐或看电视、电影，古往今来的撰述者啊，各种方式的知识传递者啊，我的孩子会因你们得到什么呢？你们将饮之以琼浆，灌之以醍醐，还是哺之以糟粕？他会因而变得正直、忠信，还是学会奸滑、诡诈？当我把我的孩子交出来，当他向这世界求知若渴，世界啊，你给他的会是什么呢？

世界啊，今天早晨，我，一个母亲，向你交出她可爱的小男孩，而你们将还我一个怎样的呢?!

看完了张晓风感人至深的信，我们再来欣赏吴耀杰的歌词《我只是个孩子呀》：

我只是个孩子呀

隔壁邻居小明期末又考了第一

王大妈的孙儿钢琴他过了十级

我爸战友的儿子一口流利的英语
我妈同事的女儿有深厚的舞蹈功底
听到这些消息我只能默默不语
你们的期待我都明白在心底
无忧无虑的日子已经变成回忆
晚上睡觉常常梦见做错的那道题
我拿着试卷不敢去签名
因为分数没到老爸的预期
我知道少壮要努力
可为什么要和别人比
我只是个孩子呀
其实我也会调皮
我只是个孩子呀
给我多一些拥抱吧
我只是个孩子呀
请给我一支画笔
我只是个孩子呀
让我为童年画出最美的四季
……

读完信，看完歌词，我们会被其中的内容所打动，更会对教育问题进行认真的思考，尤其是张晓风信中感叹的："他还不知恐惧为何物，我却是知道的，我开始恐惧自己有没有交错?""而你将还我一个怎样的呢?"这些发问都告诉我们教育重要，好的教育更重要。

歌词中，"我只是个孩子呀，请给我一支画笔；我只是个孩子呀，让我为童年画出最美的四季"道出了孩子们心中的憧憬和向往，也告诉我们：孩子是不同的，每个孩子有每个孩子的精彩。

好的教育，以及教育带给每个孩子的精彩，正是我们对教育的期待。

认识篇

理解和认识教育存在多种维度，如从教材的维度看，会形成教材观，从知识的维度看，会形成知识观，诸如此类，有教育观、教学观、评价观等。从古到今，许多专家学者研究教育，观点呈现多样化，正所谓“仁者见仁，智者见智”。本书写作的初衷，是想表述几个观点，力求用最简洁的话语去陈述，至于观点正确与否，由读者去评判。我只是想透过这几个观点，描述出一条逻辑轨迹，通过一些事例或案例，探讨如何做可使教育更简单。

这几个观点是学生观、孩子观、教育观、教学观、成长观、成功观。学生观是从学校角度来考虑，孩子观是从社会属性来考虑，教育观是从社会角度来考虑，教学观是从教师角度来考虑，成长观、成功观则是从过程和阶段角度来考虑。

第 1 节 学生观与孩子观

学生观：学生是独特的人，是学习的主体，是处于发展过程中的，且其发展是有差异的，他们的发展还是有先有后的，我们要让学生努力成为快乐的、有责任感的人。

孩子观：孩子是国家的，国家有义务教育孩子，孩子应回报国家；孩子是家庭的，父母有义务抚育孩子，孩子应孝敬父母；孩子是他自己的，是独立的生命个体，孩子应爱自己并有责任感。

本节内容通过若干教育案例，解读学生观与孩子观，并针对每个案例的观点进行评析。

课外活动难道真的“不安全”吗?

——学校一律叫停课外活动不可取

小雯是某中学新闻社团的社长，最近她很不开心，也很失落，“太遗憾了，我们都酝酿好长时间了”。

原来同学们都很喜欢中央电视台的《中国诗词大会》，所以他们想利用樱花节也组织一次“诗词大会”，在盛开的樱花树下吟诗作对，多么具有诗情画意呀！谁知准备了这么长时间，学校一句话就给否了，理由是：“诗词大会得有桌椅吧，怎么搬过去？现场得有群众吧，秩序谁来维持？还有好多细节需要打磨，你们几个孩子哪能干得了这些事，明年再说吧。”

不仅小雯，其他同学心里也很难过。

“我们查找了往届樱花节的资料，包括照片、活动流程、媒体对樱花节的报道，期望找出本次的宣传亮点。”

“我们前期也踩了点儿，还制订了方案。”

“我们还在同学中做了问卷调查，问他们喜欢什么形式的樱花节，还有好多志愿者愿意协助我们。”

“同学们热情高涨，谁知道……哎，可能学校是为了我们的安全考虑，但是，还是很难过，我都不知道怎么向其他同学交代，很受打击。”小雯说。

因为担心安全问题，就让学生精心准备半年的计划泡汤了。这样的活动，也许是学生在中学时代唯一一次展示自我能力的机会，可以想象，他们是多么的热切、多么的激动，然而……

类似的故事还有很多，包括学校的体育课、春游、游学，以及其他社会实践活动。

一些学校为了避免学生出事，就把校园里的单杠、双杠、爬杆等体育器材全部封存或是拆除，使得整个操场空荡荡的。

因偶发的安全事故，叫停所有的游学、实践活动。“已批的能停则停，已签约的能退则退，未批的一律停批。”

……

【评析】 由于担心安全问题，学校叫停了学生筹划了半年的活动。与之相类似的事情在近几年层出不穷。原本趣味横生、锻炼学生意志力和体力的体育课，现在简化为报数、跑步两圈便自由活动的虚设课程；原本可以有效减轻学生学习压力，让学生感受大自然美景的春游，现在已成为“不务正业”的代名词；原本可以拓展学生视野，促进学生全面发展的游学活动，也已被戴上“耽误时间”的帽子……然而真的如此吗？“不能做”和“什么都不能做”之间的界限到底是怎样的？应该如何把握行动的力度？

诚然，校方顾及学生安全问题是“以生为本”的重要体现。在这个大数据时代，信息传播的速度太快了。如台湾发生的大巴车交通事故可以在1小时之内便会传遍整个中国甚至世界。校方出于对学生安全的考虑而担心一些室外活动的安全性也是可以理解的。但因偶发的安全事故就叫停所有的游学、实践活动，“已批的能停则停，已签约的能退则退，未批的一律停批”，大有矫枉过正之嫌疑。在担心学生安全和本着所谓“为学生负责、为学生考虑”的表面之下，实际上却是因为不想负责，采取“一刀切”的方式将所有活动取消，以防止所有的“不安全因素”。这其实是未分清“不能做”和“什么都不能做”之界限，是将前者与后者混淆，将此事与彼事混淆的错误观念和简单做法。

事实上，游学、实践活动对于学生来说是利大于弊的。它们可以帮助学生全面发展，使学生不再“死读书、读死书”，除了学习书本而无其他的拓展途径。其实生活中，处处可以学习，何必囿于书本，成为一个“书呆子”呢？

记得在中学阶段，我们的班主任抵抗住校方压力，在紧张的高三，为我们组织了一次户外拓展活动，几十年过去了，我们至今难忘。令我印象最深刻的，便是最后一道关卡——人字搭桥。班上45个女生，肩上扛着沉重的木板，搭成一座桥，每个人都要从“桥”上爬过去。木板很沉，女生又很瘦弱，每个人肩膀上扛着的不只是一块木板，更扛着正在爬行的同学的安全，关卡通过时大家都流泪了，为我们的班级精神而感动。这次活动使我们感受到了班集体的力量，明白了团结有多么重要，我们的意志力又是多么地强大！

这次活动危险吗？当然危险。如果任何一个人在扛木板的时候稍微偷一下懒，那么在木板上前行的人就可能会跌下来。可它的积极意义又远远超过了它的消极意义。校方在衡量一次活动是否应该开展的时候，不应只考虑它多么危险，抑或它是否会导致学生放松学业等，而应当科学地进行利弊分析。然后再在其中容易发生危险的地方加以重点提醒，并于活动过程中细心引导、防护，最大限度地防止事故的发生。

视角再回到本次事件上。小雯所组织的“诗词大会”是不存在所谓的安全隐患的，存在的只是校方对学生能力的不信任，认为这是“浪费资金、浪费时间”的不务正业之举。可实际上，这是一次宣扬中华传统诗词文化的机会，是一次锻炼学生能力、丰富校园文化的机会，校方此举，实乃不该，未分清利弊，混淆了“不能做”和“什么都不能做”的界限。

危险的活动自是不允，但有意义的活动校方应积极倡导。至于其后的安全隐患，学校可制订应急预案，增加防护措施，提醒参加的学生注意安全。若是一棍子打死所有的课外拓展活动，便违背了教育的理念和宗旨。

梦想无贵贱之分

——想当卡车司机的孩子

朋友家的小孩儿，今年幼儿园毕业。幼儿园为这些大班的孩子们组织了一场隆重的毕业典礼，让每一个孩子都成为舞台上的主角，给自己的幼儿园生活画上圆满的句号，并邀请爸爸妈妈们一起观看。

在毕业典礼上，有一个“放飞梦想”的环节：教师让孩子们把梦想写在卡片上，再把卡片系到气球上，然后放飞气球。幼儿园想通过这个活动培养孩子的梦想意识，因为有梦才有未来。

谁知，参加幼儿园毕业典礼回来后，朋友气呼呼地对我说：“你猜这孩子写的是什么梦想？他写的是‘想当卡车司机’。当卡车司机算什么梦想，是个人都能当。人家的孩子不是想当科学家，就是想当宇航员。哪怕是想当医生、老师也行啊，就他想当卡车司机。这熊孩子气死我了。”

【评析】 在传统认知中，学而优则仕，士农工商，商人鄙且贱一直是以往的主流价值观，而在今天则演化成对工人、对农业种植、对较为低薪低名声的职业的轻视。评价职业等级的标准从以往的学而仕，转为如今的薪酬、名声等外在表现因素。可是，职业并无贵贱，社会是一个庞大的运行机器，缺乏任何一个零件都会对人们的生产生活产生影响。

梦想是什么呢？是长大后的巨人？是现在的奋斗？是过去的憧憬？可以说都有，梦想又来自哪里？可以来自一件小事、一本故事书或是爸爸妈妈的期望等。这几个问题可以很好解释，梦想不一定要实现，也不一定会实现；梦想可以很大，也可以很小，具有相对的不确定性，不能代表什么，也不能影响什么。就像是在战乱年代，梦想可以是稳定的居所，也可以是暂时的一餐温饱。

综上所述，想当卡车司机的孩子将来并不一定没出息，从另一个角度思考，孩子的梦想是很现实的，拿到驾照很容易，但是成为一位好司机并不容易，所谓三百六十行，行行出状元，梦想并无高低之分，有梦想就有希望，就有对生活的乐观态度。

守护孩子的纯粹世界

——在乎"小鱼在乎"的小男孩

一个成年人到海边散步，他发现，因为退潮，沙滩的浅水洼里有许多被搁浅的小鱼，它们被困在浅水洼里，回不了大海了。被困的小鱼，有几百甚至几千条。用不了多久，浅水洼里的水就会被沙粒吸干，被太阳蒸发，这些小鱼都会死掉。

忽然，他看到前面一个小男孩走得很慢，而且不停地在每一个水洼旁弯下腰去——他捡起水洼里的小鱼，用力把它们扔回大海。

他停下来，注视着这个孩子，看他拯救着小鱼们的生命。终于，他忍不住走过去说："孩子，这水洼里有几百几千条小鱼，你救不过来的。"

"我知道。"小男孩头也不抬地回答。

"那你为什么还扔，谁在乎呢？"

那个孩子一边继续扔一边说："这条在乎，这条也在乎！还有这一条，这一条，这一条……"

【评析】 看到这个故事，我想到三个问题。首先，为什么面对同样的事，孩子觉得"小鱼在乎"他就要做，而成年人认为退潮搁浅的鱼太多，考虑的问题是这么多扔得完吗，又有谁在乎小鱼的在乎。对于儿童，他们本性淳良，不会考虑这样做意义有多大，成效有多大，不会考虑有没有人看到，只会考虑对自己而言对不对。相反，成人经历太多事情之后，做事的功利心太重，目的性太强，会考虑做这件事的可行性，做这件事对自己有没有利，会衡量做这件事成功的概率，不再具有孩子般淳良的本性，也不会没有目的性地去做自己认为对的事。我们应该向这个孩子学习，单纯地对待自己喜欢或觉得有意义的事。

其次，孩子对待事情时不以自己为中心，而成人做事时常常把自己放在首位。孩子想的是，这样做小鱼在乎，并不会想这样做会给自己带来多少好处，而成人首先想到的是这样做对自己有没有利，不是对小鱼有没有好处；与孩子相比，我们成人更加以自我为中心，更加自私自利。我们应该向孩子学习，少考虑一些自己，多想想别人，不要总以自己为中心。

最后，成人的言行举止对孩子的影响。成人的言行举止会被孩子模仿，孩子正处在“三观”的建立期，当他们面对一些问题的时候，就会去看身边的成人是怎样处理和解决的。他们模仿成人的处事态度，逐渐形成自己的做法。所以，在儿童面前，我们应时刻注意自己的言行。教师和父母是孩子接触最多的成人，他们的言行影响着孩子，正所谓“言传身教”，传与教的是精华还是糟粕全部取决于成人。希望成人可以给孩子树立榜样，注意自己的言行，不要任性而为。同时，成人对孩子的言行与态度会极大地影响孩子的心理，教师和家长的赞美、鼓励能激励孩子变得越来越好，而冷眼与批评会把孩子的积极性全部打消，因此，我们应该给他们以激励和赞赏。同样，虽然儿童与成人有着年龄与辈分的差异，但他们与我们是平等的，我们应当给予他们尊重，让他们感受到自己的价值，感受到自己被重视。在乎他们的每一个想法，给予每一个想法以肯定，即使你认为不对、无可行性，也请不要直接否定，扼杀他们的创新性。

要孩子，不要神童

——政府有责任保护孩子的生命健康

曾经有这样一个故事：印度有一个叫布提亚·辛格的小男孩，在4岁半时就完成了42.195千米的马拉松跑，此举震惊了全印度人民，人们称他为“马拉松神童”。2007年，5岁的辛格计划用10天时间从印度东部的布巴内斯瓦尔市跑到西部城市加尔各答，整个行程大约500千米。

就在他准备开始自己的漫漫征程时，一件意想不到的事情出现了：大量警察封锁了辛格的长跑路线。原来，警方接到政府的指令，严禁辛格参加这项马拉松活动。印度政府的理由是：辛格只是一个5岁的孩子，而500千米的路程，对他的体力和情绪都是一个负担。让一个孩子去尝试不属于他年龄的运动，是一种极大的残忍。国家可以不要神童，但有责任保护一个孩子的生命健康。

【评析】 “要孩子，不要神童”，是极具震撼力和决心的呼唤和表现。父母们常常期望孩子成为神童，却忽视了孩子的实际条件。成为神童不仅需要过人的先天禀赋，也需要后天付出艰苦的努力。现在一些媒体宣传的育儿方案，常让人误以为每个孩子都可以成为神童，但如果家长的过度期待与过度教育在孩子身上无法完成，让孩子成为神童的愿望就可能会对孩子造成伤害。

“要孩子，不要神童!”是对规律的尊重，是对生命的呵护！印度政府的禁令怎能不令人心生感动，肃然起敬。万事万物的成长都有规律性，违背大自然的规律，人就会受到惩罚。人是自然界的一部分，也有其成长发育的规律，如果违背了规律，留下的种种后遗症也是永远都无法弥补的。

反观我们的教育行为，真的有些汗颜。家长望子成龙、望女成凤，不惜牺牲孩子自由成长的时间和空间，孩子所有的课余时间都被补习班、特长班占用了。在学校，课业压力繁重，课下还要补课，孩子们除了学习，还是学习。不禁要感叹一句："孩子不再是孩子了。"他们在幼小的年纪就背负了不属于他们的过高期望和过大压力。当前的教育行为是一种透支行为。掠夺性的开发，会对学生的身心造成严重的伤害。卢梭曾经说过："大自然希望儿童在成人以前就要像儿童的样子。如果我们打乱了这个秩序，就会造就一些早熟的果实，他们长得既不丰满也不甜美，而且很快就会腐烂。"教育工作不应急功近利，不能只盯着结果，而忽视了过程，要遵循教育的规律和成长的规律。教育应尊重和关爱生命个体，激发孩子们对世界的好奇心和探索欲。

正像冰心老人说的那样，"让孩子像野花一样自然生长"，这才是智慧之举。

为博物馆的珍宝打 CALL

——文化教育引导性

《国家宝藏》是由中央电视台、央视纪录国际传媒有限公司承制的文博探索节目，节目邀请有影响力的公众人物作为“国宝守护人”讲述文物背后的故事，通过演绎文物背后的故事与历史，让更多的观众走进博物馆，在懂得如何欣赏文物之美的同时，也了解到文物所承载的文明和中华文化延续的精神内核，从而唤起大众对文物保护、文明守护的重视。

《国家宝藏》深受年轻人喜爱，一经播出便刷爆了朋友圈，节目播出第一集后便上了热搜，并在豆瓣网上获得了9.5分的高分。

除却一开始的明星效应，观众们更是为这些博物馆里的珍宝打call：“好爱这个节目”“立志每一个博物馆都要去一下”……无不传递着浓浓的正能量。

【评析】 从《中国汉字听写大会》到《中国诗词大会》，从《朗读者》到《国家宝藏》，中央电视台一次次地刷新着人们对它的固有认知。在一次次的收视狂潮中，这些文化综艺带给观众的不仅是视听上的新鲜享受，更有人文质感所引发的深层思考与感动。

毫无疑问，人们对《国家宝藏》的喜爱有着多种原因。比如，制作精良、舞台效果震撼、演绎生动有趣、形式大胆创新、富有文化质感……其中，让观众最为赞不绝口的莫过于“它以前所未有的流量明星＋现代科技的方式使国宝‘活’了起来，从而使一档枯燥的文化综艺变得生动、有趣、‘接地气’”。而除了节目本身在内容和形式上的创新值得称道之外，节目制作方的诚意与诚心也更为人敬佩。

纵观综艺节目、真人秀火爆这几年，市场似乎总在以一种迎合讨好的方式取悦观众。精品虽然也偶有浮出，但大部分是一种低级趣味、浮夸做作的创作倾向，有温度、有深度、有锐度的“文化清流”总体鲜见。对此，各大卫视的经常性说辞就是——观众不爱看，言下之意似乎是，当今的观众特别是年轻一代对于深度审美体验“不感冒”。但《国家宝藏》以及一系列“文化清流”综艺以超高收视率及口碑向这些人证明了：不要以为年轻人只喜欢一些“傻白甜”的东西，不要以为年轻人就“少年不解愁滋味”，不要以为年轻就不辨是非、不分美丑。其实，他们也非常喜欢有思想、有质感的东西，只要你做的好，他们一样会欣赏。尊重观众，不拘流俗，做良心综艺，这是《国家宝藏》的诚意所在。

很多文化类综艺或形式单一，缺乏吸引力；或内容枯燥，缺乏感染力；或人工设计痕迹太重，缺乏真实感……诸如此类，不一而足。总而言之，根本上就在于对历史文化挖掘不够，对优秀传统自信不足。在这一点上，《国家宝藏》等一系列良心综艺做出了极好的示范：立足五千年历史的丰富文化资源，借助于现代科技的强大手段，尊重历史，观照现实，以务实有为的精神担当起传承文化、教育国民的责任。而这，既是《国家宝藏》的诚心所在，也是它的可贵之处。

但愿有更多的文化综艺能像《国家宝藏》一样，怀揣着尊重观众的诚意和传承文化的诚心，在感动国人的同时成就自我。

健康的价值更重要

——高考生该不该熬夜学习？

在对高考状元进行采访时，很多高考状元把良好的作息习惯和热爱运动作为经验告诉学弟学妹们。这一经验看似简单，但很难做到，而且特别重要。被采访的高考状元98%都表示自己从不熬夜，甚至备考时也是11点就睡，要保证充足的睡眠，要作息规律，经常运动。

周炜迪是2016年贵州高考理科状元。他说，他最重要的学习方法是，把知识变成自己的，汲取—思考—总结—回顾。他会总结每一类题目的要点，从错题中积累经验。

北京理科状元周展平曾这样说："我做题的量很少。"他没有撒谎，他把别人简单刷题的时间用来做更有意义的事情了。别人做10道题，可能只是1道题重复10遍，他却能从1道题中分析出10个维度，做1道等于做了10道题。

【评析】 无论处于人生的哪个阶段，健康的身体都是人最重要的财富。即使是在紧张的高考备考时期，站在了人生第一个重要的交叉路口，我们也不能因此而不顾健康。

对于学生，尤其是面临高考的高三学生而言，学习无疑是第一要务。许多学生因为专心学习而忽略了健康，甚至于他们的父母、老师也忽视了他们的健康状况，这是如今普遍存在的问题。人们都认为在此阶段，应努力一搏，身体垮了之后能再调理回来。但事实并不是如此，一段时间内对健康的忽视可能会造成永久的损伤。高考生们现在只处于人生开始的阶段，如果在此时就付出身体受损的沉重代价是完全不值得的。况且，我们在年轻时努力学习旨在为将来的人生做铺垫，最终目的是让我们的未来能够更好，一旦因过度学习而导致健康问题，我们便失去了学习最终的价值。

那我们不该努力学习吗？当然不是。98%的受访高考状元都表示自己从不熬夜。熬夜学习并不是学得好的必要条件，许多人为了提高学习成绩天天奋斗到深夜，这完全是走入了误区。提高学习效率才是学习的正道，熬夜学习是完全可以避免的。

同时，由于高考冲刺阶段的忙碌，绝大多数学生都会忽略运动，但运动能给人带来强健的体魄和充沛的精力，能够提高学习的效率。学校应出台相关办法以保证学生的运动量。

“爱自己”并不是自私的表现

一位外籍教师给中国孩子上课，他问孩子们最爱谁，孩子们不假思索地说：“爱祖国，爱人民，爱社会主义，爱中国共产党。”这位外籍教师对孩子们说：“不对，你们还丢掉了一个，也是最关键的一个，就是你们自己。首先你们要爱自己。爱自己，是自尊自信的表现，是做人的基础。一个不爱自己的人，根本就不懂得去爱别人，更谈不上爱祖国、爱人民、爱社会主义、爱中国共产党了。爱自己是所有爱的基础。”孩子们听完点点头，齐声回答：“知道了。”

不久，校长知道了这件事，他觉得这样教育孩子是不对的，首先爱自己是自私的表现，于是找到这位外籍教师说：“我们要求首先爱祖国，爱人民，你却教育孩子们首先爱自己，这是多么自私啊！”最后，这位外籍教师选择了离开这所学校。

【评析】 “爱祖国，爱人民”和“爱自己”，这两者不应该是矛盾的。“爱”是人类发自内心的最美好的情感。

外籍教师和国内这位校长所坚持的不同观点，体现出了文化的差异，但过度执着于自我的观点，也就过度执着于“首先”这个词了，关于“爱”的话题，也在无形中制造了冲突。实际上，“爱祖国，爱人民”和“爱自己”在本质上是一致的。“爱自己”首先是对作为生命存在的自我的尊重，学会“爱自己”，爱自己的灵魂、爱自己的身体，真正认识到自我存在的意义和价值追求，人才能将这份爱由内而外扩散；而谈到“爱祖国，爱人民”，则是人对社会责任的一种担当，是对人作为社会存在的一种要求，学会“爱祖国，爱人民”，一个人才能在担当与奉献中实现社会价值，真正使自我的存在散发光芒。

谈到是“爱祖国，爱人民”还是“爱自己”这个问题，其实是对爱的目标的探讨。但关于爱的教育，首先关注的不应该是“要爱谁”这样的目标问题，而应该把重点放到怎样“学会爱”，以及怎样“表达爱”和“接受爱”上。当人真正学会这些的时候，他的爱便不会“吝啬”。使爱成为一个人自然的选择、本能的表达，我认为这才是爱的教育的重点。

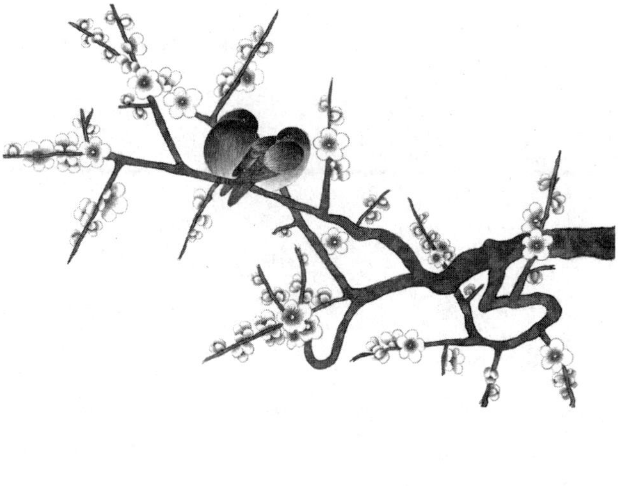

你的梦想没有错

有一天，碰到几个年轻人聊天。其中一个人向其他人谈起自己的梦想和今后的打算，他说他想开一个主题小店，并向大家介绍他要如何布置、如何经营等。其他几个人像看外星人一样看着这个人，等他说完纷纷评价起来——

“你别天真了，你现在都多大了，还在这里谈梦想？梦想这东西是小时候说给家长和老师听的。”

“梦想是个什么鬼？生活压力这么大，哪有心思谈梦想。”

“只有那些无忧无虑的人才有资格谈梦想，我现在想的就是怎么活下去。”

“我没有梦想，现在只想着怎么赚钱，梦想是奢侈品，不是咱们这种穷人该有的。”

那个谈到自己梦想的年轻人很疑惑：我只是想拥有一个属于自己的主题小店，难道错了吗，我不应该有梦想，梦想对于我来说是奢侈品吗？

【评析】 我想对那个年轻人说：你是个很有想法、对未来充满规划的人，梦想虽远大但是不能因为别人一句否定的话就觉得这代表着结束，相反，只要一步一步朝着梦想那个方向前进，你就有可能去实现梦想。除了你自己，别人都不能否定你，不能阻止你继续前进。

梦想对于一个人来说起着导向性的作用，有了明确的目标做什么事便有了方向，有了前进的斗志，有了坚持下去的毅力，梦想便可实现。

人生就是在不断超越不可能中实现自我价值的。梦想犹如指明灯，照亮我们前进的方向，使我们不会迷路，锻炼我们的毅力，让我们变得更加坚强，从而使我们实现自身价值。

虽然生活压力很大，但作为一个人不能没有梦想，没有梦想就会只剩下机械般的生活、工作，没有意义，没有目标，这就会使人生迷茫，感受不到生活或工作所带给你的喜悦。

没有梦想是可以活下去的，可是那种活法也只是为了活下去而活下去。年轻人，只要有梦想，你就比同行的人快了很多，发展下去，他们根本就赶不上你，不能与你同步。所以，不要听信他们所说的，你没有错，你是个聪明机灵的年轻人，带着你的梦想，从现在开始起航去实现你的主题小店的梦想，有想法的你一定会在以后的道路中走得比别人快，走得比别人更加顺畅，不仅如此，你还会在不断的成功中实现自我价值。总之，有梦想比没有梦想好。年轻人，请不要因为别人的一两句话就否定自我，要相信自己会走得更远、飞得更高。梦想就是形成了想法以后在不断的努力中实现的，梦想可以不被实现，可是至少要向那个方向去努力、去拼搏，从而去靠近它。

永远写不完的作业，谁之过？

前阵子，一条新闻引起网友热议：12 岁小学生小雨（化名）因课业负担太重而割腕自杀……

小雨割腕之前写下了遗书：

妈妈，我好累！睁开眼睛看看，还有一大堆作业没写完，语文、数学、英语，每个老师都会留很多作业。无论我怎么努力，我永远有写不完的作业。我好想安静地睡会儿，可是作业写不完，明天还会累积下来，只会越来越多。老师会批评我，我会被罚站，全班同学都会笑话我。这样什么时候是个头儿？我真想像别的孩子一样快快乐乐在阳光下奔跑，可是每当我睁开眼睛，看到的不是阳光，而是成堆的作业，我累了，想永远睡下去。对不起！！！爸爸妈妈，我走了……

这样的悲剧不是一例两例。每年都有学生自杀的消息见诸媒体，并且自杀者的年龄越来越小。而据对中国儿童自杀原因的调查结果显示，排在第一位的是学习压力过重（45.5％），其次是早恋（22.7％）和父母离异（13.6％）。这不得不引起我们的反思。

【评析】 记忆中的童年，是下雨天沾满泥巴的鞋子，是放学的石板路上你追我赶的打闹，是厨房里妈妈做的炸丸子，是书包里爸爸做好的弹弓。而现在孩子的童年，是堆积如山的作业，是永远上不完的补习班，是父母望子成龙的教诲，是老师滔滔不绝的说教，是同伴你死我活的追赶。终于，幼小的身心承担不起大人的野心，12 岁的小雨面对如山似海的作业，选择留下一封遗书，与这个对她来说没有一丝阳光的世界告别。到底是什么原因，让这个本该无忧无虑成长的孩子，以“自杀”这种绝决的方式与世界作别呢？

从小雨写的遗书中可以看出，“压力”“负担”“疲累”是压垮小雨的最后一根“稻草”。而压力的施力方在或明或暗的地方浑然未知。

首先，教育体制是最根本的原因。从隋朝科举制实行以来，寒门出贵子的唯一途径就是考试，演化发展到今天，分数已经完全成为衡量家教好坏、教师水平高低、孩子品性优劣的唯一标准。因此，孩子就成了这些标准的载体，成人企图让孩子来实现自己的野心，常常忽略孩子自身的学习天赋、智力水平，以及身体的负荷限度。因此，教育体制是最本质的原因，只有从源头出发，改变人才的培养方式和选拔方式，让人才多样化、创新化，让孩子的出路建立在兴趣之上，再加以父母和教师的启蒙、引导，孩子才能更轻松地成长。

其次，现在孩子的心理承受能力低是导致儿童自杀的原因之一。国内有一档火爆的综艺节目——《最强大脑》，召集全世界智力非常出众的人一起比赛。而这期间，更是出现了不少“神童”，他们的记忆力与思考力都超出常人很多倍。但最令我印象深刻的是一个年仅 15 岁的中国小男孩，与号称“加拿大神童”的同龄男孩比赛，他算对了，但误以为自己错了，便在台上失控大哭起来，而失败的加拿大男孩却云淡风轻地挥手下台。这件事后，我便在思考，中国的这个小男孩，虽然智力过人，但心理承受能力未免太差了。自杀的小雨亦是如此，人的一生当中肯定会遇到大大小小的困难，或是病痛，或是压力，但“身体发肤受之父母”，无论如何，都不应该选择轻生。这样的惨痛经历之后，我们是不是要开始重视对孩子的心理教育，提升他们的抗压能力？

“小学生因课业压力自杀”这样的新闻，不能仅仅被当作人们茶余饭后的谈资，而应引起所有社会成员的重视。

政府应该抓紧出台适合社会发展、适合孩子成长的教育方案；家长要注重孩子自身的兴趣、需求；教师要进行人性化教育，减少教育的功利性；孩子自身也要提高抗压能力。

童年是一生只有一次的短暂时光，需要谆谆教诲和启蒙引导，也同样需要充满阳光的蓝天和可以自由奔跑的草地。快乐很重要，快乐地学习最有效。

关爱留守儿童，我们可以做什么？

从网上看到一则关于留守儿童的新闻。2017年5月9日7时许，贵州毕节市青场镇青坝村两名留守儿童丧生火灾，一名男孩3岁，另一名男孩仅56天。两名男孩的父亲是该村的吴远、吴琪兄弟俩。据新闻报道，孩子的父母都在浙江打工。两个孩子由爷爷奶奶照顾。爷爷奶奶外出15分钟后回家时发现邻居在救火，但两个孩子已经不行了，尤其是哥哥。火灾可能是直接触电引起的，孩子烧得连人形都没了。

两个尚未懂事的幼童，离开了这个世界。没人愿意苛责隔代老人的看护之责，也没人愿意追问不在孩子身边的父母，他们的死亡，大概只因为身上烙印着“留守儿童”四个字。留守儿童的安全问题、教育问题已成为一个十分现实的亟待解决的问题。

【评析】 留守儿童问题当前已成为一个社会性问题，在农村表现得尤为突出。伴随着我国经济的快速发展及城镇化进程的加快，大量农村剩余劳动力进入城市务工。因受城乡二元结构体制、区域经济发展不平衡等因素限制，留守儿童每年只能和父母一起生活几天。由于长期得不到父母的关爱，留守儿童在生活、教育、心理上出现了许多问题，也因此成为一个急需得到关注的弱势群体。

这些问题中比较突出的就是安全问题。留守儿童身边虽然有监护人，但父母所委托的监护人基本上是爷爷奶奶或姥姥姥爷。由于年龄、经济等原因，他们无法对孩子进行有效看护，“吃饱穿暖”就是他们看护好的标准。留守儿童成了绝对自由的人，在生活、教育上处于放养状态。近年来，有关留守儿童的案件比比皆是，最值得关注的还是留守儿童的心理健康问题。留守儿童与父母缺乏沟通交流，存在严重的情感缺失，使得他们的成功喜悦没有人分享，困惑悲伤没有人倾诉，很容易造成自卑、内向、孤僻、情感脆弱、情绪消极等心理问题。

面对如此严重的社会问题，教师的关注也只能解燃眉之急。教师的真心关爱能给孩子们带去抚慰，但始终不能从根本上解决问题。经济的发展才是最重要的解决方案，国家应充分发挥宏观调控的作用，统筹城乡发展，继续深化精准扶贫战略，改善落后地区的经济状况，为偏远落后地区引资引智，给人们提供更多就业岗位，让在外务工人员回到孩子们身边。但这不能一蹴而就，经济建设是个较为长远的发展战略。因此，在这个过程中还需建立健全的留守儿童工作责任机制，建立留守儿童档案，开设心理健康课程，定期为留守儿童做心理疏导，促进村委会、居委会、学校、家长之间的联络沟通，共同抓好留守儿童的教育管理工作。同时，学校要创建良好的环境，强化素质教育，引导孩子们树立正确的世界观、人生观、价值观。教师也应多与留守学生沟通交流，多给他们一些鼓励和引导。

留守儿童的问题既然是社会问题，就需要全社会行动起来，给他们多一份关注，多一份关怀，用我们的真情去温暖他们。

感恩，中国孩子应该补上的一课

2007年8月中旬，在襄樊市总工会、市女企业家协会联合举行的第九次“金秋助学”活动中，主办方宣布：5名贫困大学生被取消继续受助的资格。

2006年8月，襄樊市总工会与市女企业家协会联合开展“金秋助学”活动，19位女企业家与22名贫困大学生结成帮扶对子，并承诺4年内每人每年资助1000元至3000元不等。入学前，襄樊市总工会给每名受助大学生写了一封信，希望他们可以抽空给资助者写封信，汇报一下学习生活情况。

但一年多来，部分受助大学生的表现令人失望，其中三分之二的人未给资助者写信，有一名男生倒是给资助者写过一封信，但信中只是在一直强调其家庭如何困难，希望资助者再次慷慨解囊，通篇连个“谢谢”都没说，让资助者心里很不是滋味。

2007年8月，襄樊市总工会再次组织女企业家们资助贫困学生时，部分女企业家表示“不愿再资助无情贫困生”，结果这22名贫困大学生中只有17人再度获得资助。

多年来为资助贫困生东奔西走、劳神费力的襄樊市总工会副主席周萍，为此十分尴尬，她感觉部分贫困生心理上极度自尊又极度自卑，缺乏一种正确对待他人和社会的阳光心态，有的贫困生竟自以为“成绩好，获资助是理所当然的”，缺乏起码的感恩之心。

【评析】 如今，感恩似乎已经成了一个鸡汤化的词，不少人对其嗤之以鼻。很多人在“被给予”的时候，往往羞于表达，甚至有人认为流露感恩之情是“浮夸而做作”的。

较为内敛是中华民族的特性，人们总是羞于外露情感。然而即便如此，我们也不应该把接受帮助而不表达感恩视作理所应当。因为多年以来的教育告诉我们，中华五千年文明古国，知礼义，懂廉耻，最重感恩之心。心怀感恩，表达感恩是为人之基本素质。

女企业家取消资助贫困大学生，大抵是因为心寒。5 名贫困大学生表现得相当冷漠，我想这里面除了因为感恩教育缺失之外，也是对表达感恩有所误解。表达感恩之情对受助者和资助者有着双重意义：对受助者来说，表达感恩之情是更好的铭记恩泽，提示自己如今境况好转来之不易，是受他人恩惠，应当常怀感恩之心更加向上；对资助者来说，受助者表达感恩之情表明自己的帮助起到了实效，这会让资助者倍感安慰。当然，这里要强调的是，表达感恩之情并不是号召大家将感恩成日挂于嘴边，当成口号，逢人便呐喊，而是倡导大家常怀感恩之心，并且勇敢流露，释放受助的信号，让双方都能在此次行为中产生愉悦感。

做一个被需要的人

从前，有一个磨坊主，虽然他每天干活儿到深夜，生活比较艰难，但他每天都像云雀一样欢快地歌唱。他乐于助人，他的乐观豁达带动了整个农场，以至于人们能从很远的地方听到从农场里传出的欢声笑语。周围的人遇到烦恼也总喜欢去找他解决。

这个消息传到国王耳朵里，国王想：一个磨坊主怎么会有那么多欢乐？于是，国王决定去看看这个磨坊主。还没走进磨坊，国王就听到磨坊主在唱：“我不羡慕任何人，只要有一把火我就会给人一点儿热；我热爱劳动，我有健康的身体和幸福的家庭；我不需要任何人的施舍，我要多快乐就有多快乐。”国王问磨坊主：“你为什么这么快乐？我有至高无上的权力、取之不尽的财富、安逸舒适的生活，但我每天都闷闷不乐。”磨坊主说：“那是因为你只考虑从别人那里得到了什么，而从不考虑别人需要你什么。我自食其力，我的妻子需要我照顾，我的孩子需要我关心，我的磨坊需要我经营，我的邻居需要我帮助。我爱他们，他们也爱我，这使我很快乐。”国王说：“你还需要什么？”磨坊主说：“我希望别人更多地需要我。”国王说：“不要再说了，如果有更多像你一样的人，世界该多么美好哇！”

【评析】 做一个被需要的人，比做一个只会索取的人更有价值。被需要，代表你的存在得到了其他个体的认可，代表你的价值可以在其他个体身上体现出来。

父母被子女所需要，所以父母与子女之间的爱与快乐得以延续，父母所创造的价值可以在子女的身上体现出来。教师被学生所需要，所以教师与学生之间智慧的传递得以实现，教师所创造的价值可以在学生身上体现出来。做一个被需要的人，为他人的需要做出自己的努力，你所创造的价值才能被需要你的人所传递。同样，他们的快乐与满足也会传递给你，正所谓“赠人玫瑰，手留余香”。

不被他人所需要的人，即使通过索取的方式得到了无穷无尽的财富、至高无上的权力和无法逾越的地位，那又怎么样呢？你的财富只是供自己奢靡享受的金库，却不能帮助他人摆脱贫穷的苦痛；你的权力只是供自己肆意暴虐的资本，却不能帮助弱小的人获得自己的权利；你的地位只是禁锢你高高在上的牢笼，却不能帮助受到欺压的他人获得平等……难道人生在世，要像葛朗台那样抱着自己的财富吝啬至死吗？

做一个被需要的人，不需要拥有无穷无尽的财富，也不需要至高无上的权力，更不需要无法逾越的地位。仅仅需要愿意被需要的心灵，摆正自己的心态，为自己创造生活中的欢乐，并把自己的欢乐传递给他人就够了。

做一个被需要的人，很简单。

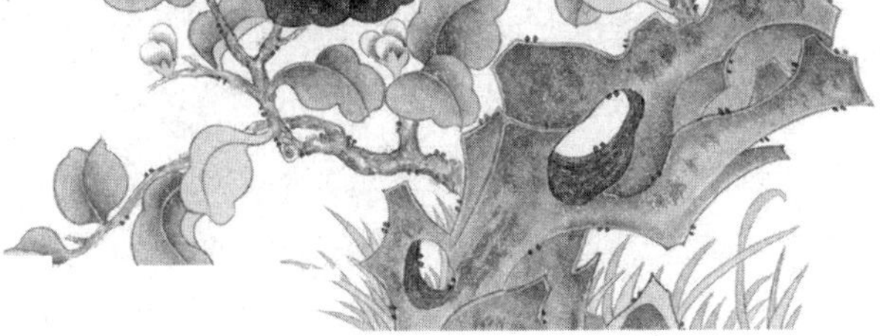

第2节 教育观与教学观

教育观包括学校教育观和家庭教育观。

学校教育观：学校教育观就是社会对学校教育什么以及如何教育的观点，关注的重点问题是学校教育究竟需要给学生提供什么。

我国目前的学校教育，过度重视知识的获取及知识的理解。如果只是将服从、接受、理解、记忆、回答、考试看作教育的全部，即便学生考试获得了满分，从教育的理想来看，这种教育也算不上人类教育史上美好的教育。

学生生而不同，禀赋也存在差异，教育就是基于人的差异而提供适合差异个体的个性化教育。尊重差异、关注个体、追求卓越、弘扬个性将永远是学校教育的主旋律。发展学生的批判性思维、培养学生的创新能力将是学校教育的终极目标。

家庭教育观：家庭教育观是父母对子女，尤其是对未成年子女教育什么以及如何教育的观点。教育的对象是年幼者，但随着社会的进步与发展，现代社会的家庭教育更强调家庭成员的平等关系，尊重家庭成员的独立人格。教育目的、教育内容的确定，教育方法和手段的选择，需要考虑孩子的年龄特点与个性特点。家长的教育观念需要转变，要更加重视诸如劳动教育、社会公德教育、道德品质教育等“成人”教育内容，相对弱化诸如学习与成绩的“成才”教育。

教育是人和知识良性互动的过程，教育过程也是受教者的生命过程，其中伴随着情感、思想的交流；教育不仅教人知识，更教人做人；教育的目的是使学生成为独立的思考者，成为终生的学习者，成为社会责任的承担者。要从教育本质的角度去认识教育观，尊重生命的尊严，超越功利主义。

教学观：教学的内容是多元的，包括基础知识、基本技能的学习，能力的培养，情感、态度、价值观的培养；教学方法上要因材施教，针对不同的学生采取不同的教学方法；教学还是一种复杂的过程，包括知识传授、能力获得、人格完善；此外，教学不只是课程的传递，也是课程或教材的再创作。

校内校外的柿子

——教育没有校内校外之分

校园里有几棵柿子树，秋天到了，柿子红了，像小灯笼一样挂在树上，煞是好看。可是好景不长，一些柿子不翼而飞了，地上也是一片狼藉。经调查，原来是有的学生觉得好看，偷偷摘走了。因为破坏了学校的公物和环境，学校对这些学生及其班级进行了扣分。经过这件事，各班班主任都加强了对学生爱护公物和花草的教育。从此，学校的柿子再也没有丢过。

学校外边也栽种着许多柿子树。一天，一个环卫工人来学校告状。原来是几个学生看见柿子长得挺好，就想摘几个。他们又是摇晃树干，又是用石头砸，又是拿竹竿打，柿子树被折腾得枝折叶落，满地都是掉下来的柿子和叶子。有教师认为，这件事情如果发生在校内应当由学校处理，但出了校门，学校就不好监管了。

教育为何有校内校外之分？凡是涉及学生成长和发展的事，无论事大事小，无论校内校外，学校都必须有所担当，这才是学校教育的应有之义。学校有围墙，有校门，校内校外的界限是有形的，是清晰可见的，但教育的责任是无形的，是没有界限的。

【评析】 “教育有校内校外之分”的说法，在当今的教育工作者、家庭和社会中仍广泛存在着。这背后是教育观念的落后，是教育者的不作为。学校的教育者，只考虑学生在校的行为是否合乎规范，而部分家长则把教育孩子的责任丢给学校。尤其是近些年来，学校为了升学率等硬性指标，在固有的模式下加压，将越来越多的精力放在学生的学习上，而将很少的精力放在德育上，在学生成长的关键时期，学校没能提供有针对性的品质发展方向的引导，又怎能期望学生成为高品质的人呢？

此外，教育还存在分工僵化的问题。学校，只管好学校的事情就够了；家庭，仅管好孩子在家的行为便够了。家校之间，缺少沟通与配合，便会在有的地方重复教育，有的地方缺失教育，这就会导致学生发展的失衡。更何况，当今社会，在社会教育方面也是缺失的，学校、家庭、社会这三个方面没有很好地配合，又何谈完整的教育呢？

教育不能片面，教育者应当有更大的格局，才能不辱使命。

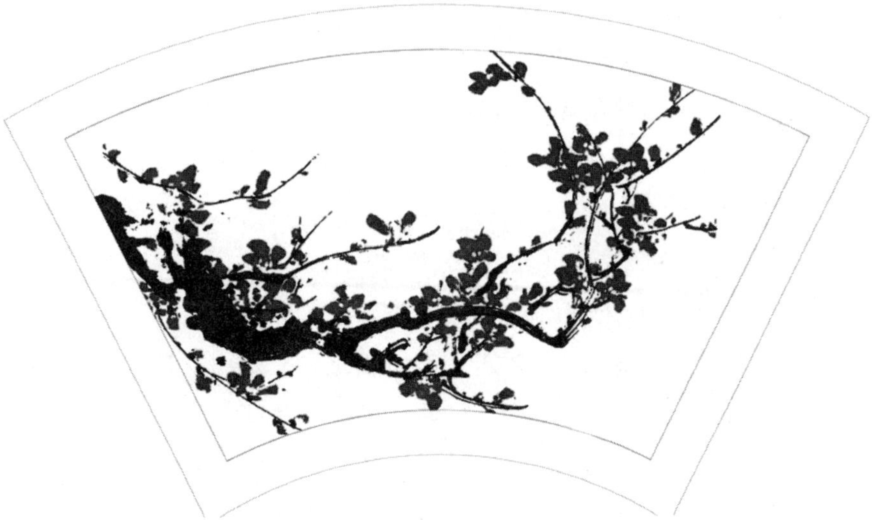

衙役儿子对对联

——教育环境不可忽视

从前有一个衙役，想让儿子多读书，以后当官，便请了先生来家里教儿子读书。儿子从小在衙门里跟随父亲长大，已经沾染了很多衙门里的习气。一天，父亲拿着蒲扇进来，要考考儿子，看看他有没有进步。

先生看到这个情形，马上说了一句："大伯手中摇羽扇。"要学生对下句，学生想了想，对道："老爹头上戴鹅毛。"先生又出一题："读书作文写字。"学生对道："传呈放告排衙。"先生一听急得不行，又出一题："读书宜朗诵。"学生马上接："喝道要高声。"先生又出四字对："七篇古文。"学生对道："四十大板。"先生气得要命，说："打胡说。"学生说："跪下来。"先生说："放屁！"学生说："退堂！"先生说"哼！"学生说"呸！"

【评析】 教师的教育和学生的学习都不是这个"对对联"问题出现的根本原因，环境的影响才是本问题的关键。衙役的儿子从小在衙门里长大，自然会沾染衙门里的习气，所以在对对联时总是离不开衙门里的事。放眼当下的社会现实，学校学生来自不同的家庭，在不同的环境中长大，这是学校无法选择的，所以如何纠正学生不好的行为习惯是学校育人的重要任务。有人说要用学校文化去改变学生，塑造学生，我深以为然。熟不知，仅靠制度规范和校园环境来培养学生良好的品行是不够的，学生从小养成的行为习惯早已根深蒂固，若非有意教之，很难纠正其中不正确的行为。所以我认为，对学生的心理、品性、德行的教育应该进行细化，应该设置专门的部门，安排专业的教师，与每一个学生都进行深入的沟通交流，如此才能保证"立德树人"工作的成效。真正的"立德树人"靠的是人与人心灵之间的沟通。然而，现在的许多学校，依然只注重对宏观环境的营造，学校的励志标语、图书角等失去了它们应有的意义。学校"立德树人”的教育应该从学生心灵环境的净化开始，通过与学生进行触及心灵的交流，净化每一个学生的心灵环境，这样才能达到“立德树人”的目的。唯有如此，学校的标语才会被学生记在心里，图书角也才会成为知识的殿堂。

因材施教才是最好的教育

——教人养花的启示

小白看办公室里很多人养花，阳台上繁花似锦，也想养点花，于是从花卉市场买来几盆花，欣欣然放在阳台上，隔三差五地浇浇水，花却越来越蔫。她听人说，这花不能总浇，总浇水反而容易使其根烂掉。于是她又开始不浇水了，啥时候等花盆里的土干了再浇水，结果那几盆花还是蔫蔫的，强挺了一段时间后都死了。小白说："养花，太累心了，我以后可不养了。"我听了她的养花过程，笑着说："你这个养法儿，什么花也养不活，全凭一己之愿，搞'一刀切'，完全不顾及花木的特点、习性。花有喜干喜湿之分，也有喜阴喜阳之别，哪能统一处理呢？"

小白恍然大悟，连说："原来是这样呀。那哪些花喜干，哪些花喜阴呢？"

我笑着说："这个我可不清楚了，你得去问问养花高手。改天你约我爱人喝茶，她可是养了几十年花了。"

后来，在我爱人的指导下，小白也迷上了养花，而且养的越来越好。

【评析】 养花，亦同于育人。养花，需先熟知花的习性。花有喜干喜湿之分，亦有喜阴喜阳之别。唯有湿干、阴阳处理得当，花才能养得繁茂。育人，又何尝不是这样？人有外向开朗和内向孤僻之分。圣人孔子主张有教无类，他曾劝学生子路在行动前要三思而后行，又劝学生冉有做事要大胆地尝试，这能算是教育上的自相矛盾吗？不能。子路敢想敢做，而冉有在行动前有过多的疑虑，孔子的教育方式则是根据实际情况因材施教，这也是教育的真谛。一个班级里的学生，知识掌握的熟练程度有别、思考问题的思路也不尽相同，如果采用统一的教育方式，又怎能保证全部学生都能学得好呢？只有根据不同人的不同性格因材施教，才能获得最大的效益。

品尝蚯蚓的味道

——“尝试性”学习的魅力

苏霍姆林斯基说过：“在人的心灵深处，都有一种根深蒂固的需要，这就是希望自己是一个发现者、研究者、探索者。而在儿童的精神世界中，这种需要特别强烈。”教师要走进学生的内心世界，去聆听学生具有创新精神的心声，善待学生的异想天开，尊重学生，放手让学生去探索，从而使学生真正成为课堂的主人。

一位美国教师在生物课上讲关于蚯蚓的故事。

讲着讲着，一名小学生站了起来。

生：老师，蚯蚓是什么味道？

师：抱歉，我没有尝过。

生：我可以尝尝吗？

师：当然可以！

生：我尝过了，您给我加分吗？

师：当然加分！

这名学生果真去“品尝”了蚯蚓，然后向大家讲了蚯蚓的味道。据说这位学生后来成了一名生物学家。

【评析】 中国的基础教育，少的是创造，缺的是天性。

改革开放后，我国的留学潮一浪高过一浪，许多孩子去国外求学。一方面，出国可以开阔视野；另一方面，国外教育也确实有其优点与长处。不可否认的是，他们往往有更开放的思想、更活跃的大脑与更强的创造力。中国的基础教育固然有其优点，但在创新能力培养方面有待提高。从这篇小短文中，我们就可以发现中西方教育的差异，这也应该是我国基础教育需要努力的方向。

从以前的科举考试，到现在的应试教育，中国基础教育的一个最大特点就是灌输，教师是课堂的主导者，在学生汲取知识，获得知识的过程中，没有创造、没有想象，只有服从与遵守。小孩子本身具有无穷的想象力与创造力，爱玩是他们的天性。如果只是将他们束缚在教室里，在一定程度上显然扼杀了其天性。

毋庸置疑，我国基础教育有完备和系统的课程设置与传授方式，学生可以学到相当扎实的基础知识。但就“品尝蚯蚓的味道”这个故事而言，在中国传统课堂上，学生很少会突破教师所设置的思维方向，去另辟一片未知的天地。或许从教师到学生都渐渐失去了敢于提问与创造的想法。如果是一个中国孩子提出这个问题，教师或许会觉得他无理取闹，更不会允许他去品尝，因为他们认为生物课只需学习有关蚯蚓的知识并不需要学生知道蚯蚓的味道。久而久之，学生就形成了“无用不学”的想法，这便影响到创新能力的发展。

美国教育是西方教育的代表，提倡创造，支持想象，而且课下会有丰富的兴趣活动，这就与中国学生被埋于各种各样的补习班形成对比。因此，他们的学生更敢于发问，教师更敢于承认不足，课堂真正是以学生为中心的，这也就在无形中培养了学生的创新思想，使学生不只是机械地从外界索取，而是自觉地从生活中发现。

我国教育应学人之长，补己之短，真正将课堂还给学生，让学生自由学习、自主学习，鼓励学生创造，尊重他们的天性。无论是哪一阶段的教育，引导学生自我探索都是极其重要的。

“江洋大盗”女教师

——老师如何转换角色？

对于学生来说，能否学好知识在很大程度上取决于他们对这门学科的喜爱程度。就这一点来说，调动学生的学习兴趣，让课堂充满快乐是教师不可推卸的责任。于是，教师们各展神通，通过创设情境、开展游戏活动等方法活跃课堂、调动学生的学习兴趣。那么，在创设情境、开展游戏活动的同时，教师自己是否融入了课堂呢？

有位教师从澳大利亚考察回来后，讲了一个课例，课例中的教师就很好地融入了自己的课堂，激发了学生的学习兴趣。

上课了，一位年轻的女教师着一身黑色的海盗服，一只眼睛戴着黑眼罩，手里拿着一把刀——纸做的刀，张牙舞爪地走进教室，先吸引了学生的注意力，然后大讲有关海盗的故事——那天，她执教的是《海盗的故事》这篇课文。这哪里是教师，俨然一副“江洋大盗”的模样！但她讲得绘声绘色，学生听得如痴如醉，并不时发出笑声。

【评析】 首先要肯定的是，这位女教师敢于以这样的方式融入课堂，这是需要莫大的勇气的。而她的付出也获得了回报，学生们听得如痴如醉，这便达到了教学的最好效果。

也许有人会认为这样的融入方式不太适合年龄较大的学生，并且认为这种方法太表面太肤浅，有掩盖自身水平不足的嫌疑。但我并不这样认为。

从所讲课文《海盗的故事》可以看出，这堂课是针对低年级小学生的，所以教师穿奇装异服调动学生兴趣是非常有用的，而且这毕竟是针对小学生的课，所以也并不肤浅。小学生学习需要兴趣的支撑，成功吸引了他们的兴趣，这堂课就相当于成功了一半。

当然，服装只是表面，教师所讲的内容才是本质和基础，评判一堂课好坏的标准不能局限于其外在的形式，教师的讲课水平才是最重要的。在短文中所描述的课堂上，教师讲得绘声绘色，学生听得如痴如醉。这充分体现了她的口才与能力，她的海盗服只是为了激发学生的学习兴趣，这便为课堂教学加了分，而她自己也通过服饰与表演融入课文与学生中，与学生共同体会与学习，从而打造了一个高效课堂。

“让他们觉得自己和本地学生是一样的”

——一位教师的爱和责任

曾有幸被邀请去做中学生朗诵比赛的评委。虽然这件事过去了很久，但有两位选手的表现及其辅导教师的发言依然令我印象深刻。

那两位选手是一个男生和一个女生，他俩穿着演出服，脸上扑着粉，画着红嘴唇，一股乡土气息迎面而来。一张嘴，普通话里带着乡音，刻板的断句、训练好的动作……这一切，都让人感到这是精心设计和准备的，学生是在按辅导教师的排练一步步地进行展示。

两个学生很认真，准备得也很充分，但我觉得他们还是太刻意了，缺乏自由发挥的激情，所以我给了一个中规中矩的分数，最后，他们得了二等奖。

专家点评时，我才知道他们来自一所打工子弟学校。当时他们的辅导教师说的话令我触动很大。他说：“我也知道我们的孩子素质和其他学校的孩子差好多，但是没办法。其他学校是优中选优，我们学校一共就13个学生，挑选一个能参加比赛的学生都很困难，但我们又想给学生一个展示的机会，让他们感受一下比赛现场的氛围，让他们觉得自己和本地的学生是一样的，有公平竞争的权利。所以我们必须精心准备，从发音到断句，再到感情酝酿，一步步都给他们设计好。”

当时，“让他们觉得自己和本地的学生是一样的”这句话让我感受到了这位辅导教师对学生深深的爱和责任与担当。我想这位教师的话，不仅感动了在场所有人的心，更感动了这两位学生的心。这两位学生也许一生都会记得有这样一位教师曾经这样尊重、激励过他们，让他们觉得自己不是这个城市的“边缘体”，他们和本地学生一样，有学习和展示的权利。

【评析】 据调查显示，中国的农民工人口已经达1.5亿，农民工子女的生活和教育等问题已经成为中国社会关注的焦点。农民工子女的教育缺乏财政支持，配套法律政策不完善，公立学校入学难，由于农民工子弟学校教学质量差，导致很多农民工子女产生厌学心理。少年强则中国强。农民工子女作为祖国下一代的一部分，他们的素质，他们的文化，他们的自立、自强对国家的长治久安起着非常重要的作用。

但他们的成长离不开教师。教师是人类灵魂的工程师。教师的一举一动、一言一行都对学生起着潜移默化的作用。辅导教师尽自己最大的努力帮助农民工子女融入这座城市，使他们感到温暖、感到被尊重，让他们觉得自己和本地的学生是一样的。教育是缘于爱的。我相信这位辅导教师对这群孩子必定有着平凡而伟大的师爱。它犹如春雨，滋润着孩子们因出生“土地”的“贫瘠”而导致的脆弱心灵。希望这份“爱的教育”可以传递下去。因为它不仅是滋润农民工子女的春雨，更是一股推动社会发展的无形而强大的力量。

要瞻“前”顾“后”

——对待学生应一视同仁

作为教师，我们都知道，组织学生外出时，需要让学生整队前进，队伍前后需要各有一名教师，即使不能有两名教师，也得有一名教师跟在队伍一侧的中间部位，既要照看排头，也要兼顾队尾。这是为什么？就是要有引领，有断后，一个队伍不能前边整整齐齐，后边乱七八糟。

教育教学工作也是如此。

曾经听说过某初中中考成绩断崖式下跌的事例，当时我感到很吃惊：中考成绩上下浮动在所难免，但如果变化巨大，肯定是有原因的。后来才知道原来这所学校为了优化初三学生学习的氛围，将各班调皮捣蛋的学生集中到两个班里，临近中考，这两个班的课几乎上不下去，教师的作用仅仅是维持秩序。最后这两个班的学生的中考成绩异乎寻常的低，拉低了全体初三学生的平均分，学校的中考成绩自然大幅度下跌。

我们经常说不让一个学生掉队，这所学校的做法是让几十个学生掉队，不仅违背了教育规律，侵犯了学生公平受教育的权利，也损害了任课教师的积极性。事实证明，这种只瞻“前”不顾“后”的做法对提高学生的教学成绩毫无益处。

【评析】 每个学生都有学习的权利。文章中所提及的学校的做法，无疑是对那两个班的学生学习权利的剥夺。尽管那些学生调皮捣蛋，但这并不能说明他们不想进步、不想优秀。学校不仅没有贯彻教育的初衷，其做法更是让这些自制力本就不强的学生更容易沉沦于眼前的玩乐，将他们推得更远。而正确的做法应该是，对于本就优秀、自制力强的学生，教师要锦上添花，让优秀的学生更加优秀；对于所谓调皮捣蛋的学生，教师要点亮明灯，掌握好方向，让这些学生逐渐改掉不良的习惯，慢慢变得优秀。优化学习氛围，不是只有挑走不良学生这一个办法。要想办法营造爱学习、爱奋斗的班级氛围，让全班积极奋进不是更好吗?

教育学生需要因材施教。陶行知先生曾说过："你的教鞭下有瓦特，你的冷眼里有牛顿，你的讥笑中有爱迪生。"每个学生都有闪光点，"天生我材必有用"并不是一句空话，单单以成绩将学生划分为三六九等，不仅葬送了学生的前途，也是对学校价值意义的削弱。古语有言，"近朱者赤，近墨者黑"，让那些调皮捣蛋的学生留在其原本的班级，在其他学生紧张备考的氛围的熏陶之下，那些学生也会被感染、被带动起来，从而激发他们的学习动力。将调皮捣蛋的学生集中在同一班级，只会让他们的学习状态越来越差，而最终以极低的中考成绩拉低全体初三学生平均分的结局也就可想而知了。

事实证明，只瞻"前"不顾"后"不仅不利于学生学习成绩的提高，而且会影响学校的教学质量，此做法十分不可取。

绝知此事要躬行

——日本老师的“体验式”教学

“告诉我，我会忘记；教给我，我可能记住；让我参与，我才能学会。”在教学中，只有让学生主动参与，亲身体验，学生才会记忆深刻，难以忘记。这就是充分体现以人为本教育理念的体验学习。

一位日本教师就很好地运用了体验教学，他是这样教学“千克”的。

教师发给每个学生一个塑料袋：“现在，你们要到学校操场的沙坑里去装一千克沙子，你觉得一千克有多重，就装多少。”学生装完后他逐一过秤。可想而知，没有人能装得准。这时，他把装有一千克沙子的沙袋拿给学生，并让他们一一掂量，尔后让学生重新到沙坑里装沙子。这次学生们估量得八九不离十了，有的学生居然装得正好！

整堂课，教师就忙着过秤，一边称，一边夸赞着或惋惜着。

【评析】 这位教师让我们知道了一个道理：绝知此事要躬行。

一克、一千克有多重，像克、千克这样的抽象概念本就不好描述，对于小孩来说也是难以估量的，学习时教师总会用我们熟悉的事物打比方。我至今记得我的小学老师说一克的重量约等于一枚一分钱硬币的重量，这样就把一个抽象的概念变成了可知的实体。而这位教师在此过程中加入了一个实践的环节，让学生将自认为的一千克的重量与实际一千克的重量进行对比，从而让学生知道自己错在哪里，差距在哪里，进而针对自己的错误加以改正。这样学生便会对一千克有更加准确、深刻的认识。

绝知此事要躬行，这是古人的智慧，也启迪着我们——学习不是简单的说教，只有去做了，才知道到底能不能做好，才知道差距有多大，才知道如何去改进。

什么样的学生才是“好学生”?

听朋友说过这样一个故事，大体的情节是这样的：

一名督学去一所学校检查工作，汽车在半路上出了故障。这位督学修了很长时间也没有修好。一名路过的学生看见这个情形便走过来帮助他。没几分钟，这名学生就把车修好了。

督学很感激他，便和他聊了起来：“你修车的技术这么好，是在哪学的?”

学生回答说：“我喜欢汽车，经常去看别人修车，时间久了，就学会了一些修车技术。”

督学又问他：“现在是上课时间，你为什么没有去学校呢?”

学生说：“今天学校有领导来视察，我成绩最差，不是好学生，所以老师让我早点回家。”

这位督学发出了这样的疑问：这样的学生是不是“好学生”？什么样的学生才是“好学生”?

【评析】 要评判一个学生的好坏，首先要界定什么是“好”，但界定什么是“好”着实困难，比如，是白天波光粼粼的大海好看，还是晚上拍打着沙滩的大海更好看？这个真不太好说，也许有人就喜欢阳光下的波光，而有人偏喜欢夜空下的神秘，但我们每个人都知道浮着油污、漂着杂物的大海是不好看的。所以，在我看来，好的定义就是纯粹。在评判一个学生好坏时不能光看他的学习水平，也不能光看他的道德水平或者其他能力，如果一定要有一个标准的话，我想，我希望他是一个纯粹的学生。他在学习的过程中，在掌握知识的过程中，在适应这个世界的过程中，能够尽可能地保持自己内心的纯粹，能够充分地了解自己，并且会做出关心他人的举动。

回到上文，这名学生是好学生吗？从成绩的角度来看，他实在算不上好，但从另一角度看，他也有内心的纯粹之处，他在别人遇到困难时热心地给予帮助。好学生不能单纯是学习成绩好，还要有擅长的技能，有乐于助人的精神等。

同样，品读上文后，我其实很想“答非所问”：什么样的教师才是“好教师”？教师应该把学习最差的学生赶回家吗？教师应该在督学面前装模作样吗？关于好教师，我想用习近平同志的话来解释一下。习近平同志说过一个好教师要有理想信念、道德情操、扎实学识、仁爱之心。姑且不谈前三者，因为这样大的命题是几页纸都写不完的。我想暂且聊聊“仁爱之心”。

爱是教育的灵魂，没有爱就没有教育。一个好教师要用爱去培养爱，激发爱，传播爱，用真情、真心、真诚拉近与学生的距离。而上文中的教师，让学习成绩不好的学生回家的做法实在欠妥，这样的区别对待对学生自尊心的打击是极大的。一个有仁爱之心的教师会用自己的温暖和真情去对待每一个学生，用欣赏去增强他们的自信，用信任去树立他们的自尊，让每一个学生都健康成长。

最后，我想世界上本没有坏学生，只是缺少好教师。

由芬兰的生活教育想到的

我在芬兰不同的城镇，无论是大或是小的学校，所看到的教学设备和器材一点儿都不含糊！不仅完善俱全、整洁新颖，还非常重视对学生的安全防护。当我看到小小年纪的学生实地操作各类器具时，不禁赞叹连连！而且这些课程，丝毫无“虚晃一枪”之意，样样都是真实的。我看到教师们总是脚踏实地地在教，学生们也实实在在地动手操作，一点儿不造假，或由他人代劳。

一群学生共同炊煮菜肴，兴高采烈的男生女生一起洗手做羹汤；而该去踩缝纫机做衣服，或拿起两根长针织衣服时，一样不分男女地“打”成一片！在用电锯切割木头时，平常看起来有点儿娇柔的小女生们，可一点儿也不比男生们差，护目镜和耳罩一戴，俨然一副木工师傅的架势，又锯又钉又刨的。男生打毛线、烤面包之际，也没人会说这是女生做的事，在厨师成为全球热门行业的今日，许多芬兰男生也真心地爱上了这门课。

工艺与编织、家事与厨艺，一切生活与生命中最真实的事情，就在孩子们亲自去学习的几年之中，点点滴滴地灌注在他们的血液和基因里，没有家长们的操心、代劳、干预，他们既不会马马虎虎交差了事，也不会自欺欺人地由亲友偷偷代为动手。

我看到男生们在缝纫机课堂上，乐在其中。听到老师们欢喜地说：“男生们可真爱踩缝纫机！”我忍不住问了句：“为什么呢？”老师们更开心地回答说：“因为缝纫机是部机器呀！”

（选自《芬兰教育全球第一的秘密》，陈之华著，有删改）

【评析】 芬兰生活教育水平之高，中国望其项背。

中国有没有生活教育？有，但恐怕仅停留在“过家家”的水平上，走个过场，跟素质教育的风罢了！我为什么说得这么理直气壮？因为我从小到大，就没上过一堂真正的生活教育课，连音乐课和美术课都是马马虎虎地上，要么，就是被主科教师找借口给“抢”去，我相信这并非个别现象。

为什么两国人民对生活教育的态度相差如此大？因为中国学生考试不考手工与烘焙，不考缝纫与伐木，像古代有“士农工商”等级之分一样，当今社会，以读书考试为上，至于厨师、面包师、伐木工等，都被认为是不好的职业。

所以就有了“中国大学生生活不能自理”“中国机械专业大学生不会换轮胎”等高分低能的笑话。在中国，“动手”在某种意义上是地位低下的象征，古代贵族不就是“衣来伸手，饭来张口”吗？所以即使到了现代，种地、纺织、烹饪都被认为是“低一等”的工作，芬兰的生活教育赢就赢在他们的职业平等观上！

芬兰的教育从一开始就传递了职业平等观念，这种观念在孩子们心中扎根，他们接触各种各样的工作，总会找到自己喜爱的。试想，一个从小热爱烘焙、学习烘焙的人，长大了不会成为一个优秀的面包师吗？当社会上各行各业的人都是这般被培养起来的时候，这个国家能不繁荣富足吗？

试想，如果厨师把每盘菜都当成自己心爱的艺术品，就不会有食品安全问题；更难能可贵的是，各行各业的人们平等对待彼此时，就不会有当服务员时碰到老同学而“避之不见”的尴尬，也不会有“顾客谩骂服务员”的新闻。人际交往的摩擦少了，社会就和谐了。

如果我们照着芬兰的这种教育思路走，也许许多“问题少年”会成为“明日之星”。来设想一下，把一个逃课打篮球的少年当作篮球运动员培养，结果会如何？既然他能逃课去打篮球，可见他对篮球热爱之深。兴趣是第一动力，此言不虚。

一个国家，总要有人来种地、烘焙、伐木，但芬兰和中国的区别就在于：芬兰做这种工作的人是主动自愿的，而中国做这种工作的人大多是被“淘汰”下来的，多么令人扼腕叹息啊！

从“先器识而后文艺”看教师教育的重要性

李叔同先生，即弘一法师，是中国近代文艺的先驱者，早年曾在浙江省立第一师范学校任教。一日，他将丰子恺等几个资质较高的学生喊到自己房中，细致耐心地将书中“先器识而后文艺”的意义解释给他们听：对于做学问来说，首要的是人格修养，次要的才是文艺学习。他告诉学生，一个好的艺术家，必须首先做一个好人。一语点醒梦中人，学生听了这番话，“心里好比新开了一个明窗”，似有胜读十年书之感。多年后，丰子恺先生慨叹：“这正是李先生文艺观的自述，‘先器识而后文艺’，应使文艺以人传，不可人以文艺传。”

李叔同先生认为，在老师给予学生的教育中，关系着学生生命质量的不是“文艺”，而是“器识”。“器识”就是人格修养、视野情操、志趣品位等隐形的内涵，是这些隐形的东西无形中影响着人一生幸福的质量。

【评析】 从小学到高中，老师们传授给我的知识，或者可以说是学问，大致可分为两类：做人的学问与书本上的学问。其中，书本上的学问多用于考试，大致忘却了，而做人的学问每天都在复习，未曾遗忘。

小学的课程是比较基础的。老师在入学伊始，便先向我们提出了一个问题：什么是对的，什么是错的？同学们答案很多，老师笑而不语。此后，每做一件事，我头脑中总会事先有一个判断：这么做是对的吗？随着老师的肯定或教训，年幼的我们逐渐形成了一套“原始”的是非观，这是小学时期老师给我们的礼物。

中学时期，由于有了升学的压力，大家开始为自己的前程担心。一次又一次的考试后便是全班、全年级乃至全县、全市的排名。名次决定着你在同龄人中的竞争力，一定程度上决定了你以后的发展轨迹。在这个时候，老师教给我们的，其实是有关自己人生的发展观。

在中学的后半阶段，即高中时期，自己以后的人生走向，自己的人生目标以及人生价值被前所未有地重视起来。有关此问题的讨论，不仅充斥在班主任每天的训话中，更贯穿于各科任老师与学生的闲聊里。作为“过来人”的老师们，总是有意无意地向我们讲述他们的人生经验，同时，我们在各种或积极或消极，或“浪漫”或“现实”的“现成”的人生观中，渐渐开始了自身人生观的建设。虽然人生观在不断地被修正，但在高中时期形成的基础性认识，很难被抹去。

其实，无论是小学老师，还是中学老师，都在向我们反复强调一个主题：成为一个什么样的人。其对处于成长阶段的我们的启发作用是非常重要的。幼年时期形成的是非观，告诉了我们什么能做，什么不能做，什么该做，什么不该做，而青少年时期形成的发展观及人生观，则为我们指引了人生发展的方向。作为教师，教授课本知识固然是其分内之事，但对学生进行人生价值观、人生路径的启发与引导，或许更是本职工作。育人为本，该成为更多教育者的信条。

杰出校友=从政人员?

我曾在《文汇报》上看到一篇文章，作者的母校是一所地方师范大学。当时，许多同学不愿意当中学教师，学校还针对此开展了专项教育，谆谆教导大家要热爱教育，毕业后做一名光荣的人民教师，为祖国的教育事业奉献自己的一生。经过教育，许多同学转变了思想，立志要当一名优秀的中学教师。

眨眼间，20多年过去了，他无意间在网上发现了母校的一份有30多人的杰出校友名单，其中有副省长、厅长、市委书记、市长、董事长，等等，只有最后一位是教授、博导。作者感慨万千，在母校负责撰写这份名单的人的心中，上述30多人无疑是学校的光荣与骄傲。那么，当年老师们谆谆教导他们“要立志做一名光荣的人民教师”的话又该如何理解？假如严格按照当年老师的教诲去做，即使你再努力，再杰出，最多也只是一名中学特级教师，或者基层教育管理者，断然成不了省长、厅长的。也就是说，按照老师当年所倡导的去做的那些学生，成不了“杰出校友”；而没有按老师倡导的去做的那些学生却位列其中。这又如何解释？

【评析】 地方师范大学的主要职责理应是为当地培养优秀的中小学教师，但这样一所大学的杰出校友名单竟然只有一位是从事教师职业的，其他大多是从政人员，或是成功的商人。或许名单上的这些人的社会影响力比普通中小学教师大，社会地位也更高，但这种做法无疑与师范院校的教育理念背道而驰，也与当年老师谆谆教导学生们热爱教育的行为相违背。这样一份杰出校友名单会使当年听从老师教诲、默默无闻从事基础教育工作的学生们心理不平衡，他们也许会怀疑自己当年的选择，也许会认为自己这么多年的辛苦付出未得到母校的认可；同时，这样一份名单也会使当下正在这所师范院校学习的学生感觉到，不管是学校还是社会都是以地位高低或官职大小作为评判学生杰出不杰出的标准的，这会使立志从教的他们有所动摇，影响他们的价值观。

在我看来，一所师范大学杰出校友名单上的人应以对教育事业的发展有所贡献的人为主，同时应表扬在贫困地区任教的学生，以此来让扎根中小学的教师们看到自己这么多年的付出是被认可的，自己的价值是被母校、被社会承认的，同时这也能激励更多的学生投身教育事业。当然，将政绩突出、个人发展好的学生写入杰出校友名单也并没有什么不妥，毕竟政界、商界的大佬也是自己的校友，对学生们也有激励作用，但是作为师范类院校更需要突出的是师范院校培养人才的重点。

身教重于言传

“现在的学生真难管，让干啥不干啥。”

“你看，叼着烟卷，这哪像中学生？”

“现在的学生，把骂人当口头禅。”

“我看，手机要把这帮学生毁了。”

……

经常听到教师们抱怨现在的学生不好管，但，学生是管出来的吗？

有一则小故事挺有意思，希望对读者有所启发。有一位女士养了一只珍贵的鹦鹉，这只鹦鹉非常漂亮，却有一个问题：经常咳嗽且嗓音沙哑难听。女主人十分焦急，带它去看兽医，生怕它患上什么呼吸系统的怪病。检查结果显示，鹦鹉很健康，没有什么毛病。女主人问为什么鹦鹉会发出那么难听的咳嗽声，医生回答说：“俗话说，鹦鹉学舌。它之所以发出难听的咳嗽声，一定是因为它经常听到这样的声音，你们家一定有人经常咳嗽，是吗？”这时，女主人有些不好意思了。原来，她有抽烟的习惯，所以经常咳嗽，鹦鹉只不过是惟妙惟肖地把她的咳嗽声模仿出来了而已。

学生处于生长期，会不自觉地模仿教师的言行。在平时，很多教师会有不文明的语言，也会时常抱着手机做“低头族”，也会当着学生的面抱怨学校制度……教师尚且如此，如何要求学生不说脏话，不玩手机，认真遵守学校的规章制度呢？更可怕的是，学生肯定会在背后说：“嘿，我们那个××老师，动不动就骂人，还管我们呢。”“××老师，逗着呢，课下还和我们一起抽烟。”“我们的××老师，浑身的味儿，头发油腻腻的，夏天更难闻。”……如果真是到了这个地步，任何教育都将难以再起作用。

【评析】 中国教师素质整体现状确实不容乐观。在社会的大环境下，教师会受到诸多诱惑。办公室里的一位教师很爱玩游戏，边玩边大声说话，还有的教师酷爱打麻将，至于抽烟的则更多。这里仅仅只举几个例子，其实教师们的不良举止还包括诸多方面。在中小学阶段，学生处于生长期，极易受到教师的影响，模仿教师的举止、谈吐甚至思想。教师若想教育好学生，首先应当从自身做起。另外，我想额外谈两点看法：一是唱国歌的问题。为什么唱国歌的时候学生声音都很小，原因固然很多，但教师缺乏对学生爱国思想的引导是一个重要原因。如果教师了解民族历史，有着历史担当，在唱国歌时大声歌唱，在学生不尊重国歌时提出严厉批评，那么，唱国歌这个问题就会得到解决。二是教育者被教育的问题。有教师教学生，那有人教教师吗？怕是没有，或者很少，由此观之，我们对教师的教育是否显得不够？

孔子的因材施教

因材施教的理念最早是由孔子提出的。

有一天，子路向孔子讨教："先生，如果我听到一种正确的主张，可以马上去实行吗?"孔子说："你有父亲、兄长在，你怎么能听到就去实行呢!"子路刚出去，冉有也来问同样的问题："先生，我要是听到正确的主张应该立刻去做吗?"孔子说："应该立刻去做。"

冉有走后，站在一旁的公西华被弄糊涂了，不由得问孔子："先生，一样的问题，你的回答怎么相反呢?"孔子说："冉有性格谦逊，办事犹豫不决，所以我鼓励他做事果断；子路勇武过人，但办事不周全，所以要中和他的暴性，让他遇事多听听别人的意见。"

【评析】 人生在世，常有此长彼短之处，少有全才。不同的人的成长环境、内心性格不同，其教育方式也应当区别而论。孔子在两千多年前提出的因材施教的理念可谓真理。

曾有不同的弟子向孔子"问孝"，孔子分别答以"无疾""色难"等，这自是针对不同弟子的性格特点和家庭情况做出的切实的回答。

而今相较于孔子身处的春秋时代，教育不可谓不发达，然而教育方式却难以超越甚至达到当时的水平。诚然，教育的发展及普及提升了国民的知识水平，然而工业化潮流下的"大批量"发展模式，使得教育对所有学生的教育方式也开始"一视同仁"，类似于生产产品的流水线，只关注产量，而忽视了个体质量。孔子因材施教的理念被时代大潮尘封，这是工业时代下教育的悲哀。要改变这种教育现状，不仅要从体制抓起，而且要调动广大教师的责任心。教师应以高度负责的态度，从每个学生的具体情况出发选择合适的教育方式，实现学生个性而全面的发展。

从更深层次的原因来说，因材施教的缺失反映的是工业时代下人心的浮躁。在这种背景下，我们被追求数量的时代潮流所裹挟，失去了清醒的判断能力，也忽视了教学质量的重要性。

“玩出来”的课堂

很多人认为，美国学生上课就像在玩，既不留家庭作业，也不重视考试，所以美国基础教育不扎实，不如中国。

美国的基础教育真的是一团糟吗？如果是真的，那为什么美国能成就全球领先的高等教育？

走进美国的小学教室，课桌三三两两拼在一起，大小高矮也不尽相同。尤其是单人小桌还带有轮子，位置可以随意移动。教师讲课时，学生可以随意打断进行提问。学生可以跳级和串班学习，这节课在这个班，下节课就去别的班甚至其他年级。甚至还有混龄班级，不同年龄和年级的学生编排在同一教室。这确实给人一种非常“随便”的感觉，学生们上课还有秩序可言吗？

其实，课桌的混排是为了开展个性化的讨论；跳级和串班是考虑到学生知识掌握程度不同，是为了满足不同学生的需求；而混龄班级中的学生像兄弟姐妹一样一起学习和游戏，大孩子为小孩子树立榜样，并力所能及地对其提供帮助……原来他们并不是简简单单在“玩”。

【评析】 如上文所说，美国的课堂是“玩出来”的课堂，而我们中国的课堂呢，很大程度上是“管出来”的课堂。在美国，学生们不论年龄大小，不管文化水平如何，只是凭自身的兴趣来选择课程，选择班级。这样虽然跨越度很大，却使学生们受益匪浅。不同的教师带给大家不同的课程、不同的授课方式，同时，不同的同学带给大家更多的友谊。这种开放性极大的课堂有利于培养学生的开放性思维，有利于大家开展个性化讨论。而且，按喜好上课在很大程度上可以使学生有效利用时间，学生能自愿地学习并接受知识。而串级学习不仅使学生从学长学姐身上获得学习技巧与知识，还可以使大学生帮助小学生，使学校人与人之间充满爱与友谊。最为重要的是，开放式课堂使得学生敢于同陌生人交流，敢于说出自己的想法，在他人面前不会胆怯。同时，还有利于培养学生的创新意识。

当然，这种开放式课堂也存在许多弊病。首先，这种极其开放的课堂不利于加强对学生的管理。其次，可能造成一些内向学生的自卑心理。最后，这样随心所欲地串班跳级不利于教学活动的有序开展，影响教学进度与质量。所以，我们在借鉴的时候，一定要学习其长处，摒弃其缺点。

从画苹果看教育理念

中国、日本和美国的教师教学生画苹果。

中国的教师先出示苹果的图片，然后教给学生画苹果的要领：先画正方形，再按照不同的比例去掉棱角，最后画苹果的根蒂。

日本的教师拿着苹果走进教室，告诉学生可以把苹果拿到面前看一看、闻一闻、摸一摸，但是不可以吃。然后照着苹果画。

美国的教师则提着一篮子苹果走进教室，告诉学生不仅可以看一看、闻一闻、摸一摸等，还可以吃。结果不少学生真的吃了。

最终的结果是，中国学生第一次就画出了最像苹果的“苹果”；日本学生通过仔细观察，第一次，可能画得不像，第二次画得就差不多了；美国学生的苹果已经吃掉了，没有参照对象，学生第一次画的可能像南瓜，第二次画的可能像梨，第三次画的才有点像苹果。

【评析】 我们在对三种教学生画苹果的不同方法的效果进行评价前，不妨先用表格的形式加以对比。

项目	中国	日本	美国
教学过程	①出示苹果图片 ②教学生方法	①出示苹果 ②让学生看、闻、摸 ③照着苹果画	①给每个学生一个苹果 ②让学生看、闻、摸，并吃掉 ③学生想象着画苹果
教学方式	讲授技巧	观察、感知、描绘	观察、感知、想象
教学性质	接受性学习	模仿性学习	创新性自主学习
教学效果	一次成功	可能需要两次	可能需要三次及以上
教学工具	苹果的图片	一个苹果	一篮子苹果

从表面来看，中国教师的教学效果最高，但从长远来看，却要稍逊日、美两国教师的教学效果，但这毕竟是由国情和文化差异导致的，不能

说谁的方法就好、谁的方法就不好，只能从中发现独特的文化理念和差异。

中国教师注重实用性，以教师为本位，关注学生学习的结果，不重过程，属于“扶着走”的教学。

日本教师以学生为主体，教学较为开放，注重引导学生观察和自主学习，对学习结果关注的程度低于中国教师，属于“牵着走”的教学。

美国教师以学生为主体，教学具有开放性、创新性，注重学习过程中的个性化、活动化，不是很关注学生当下的学习结果，属于“看着走”的教学。

第 3 节 成长观与成功观

成长观：成长是过程，过程中有高兴也有烦恼；成长是积累，积累经验和教训，由不适应走向适应，与原来的自己比有进步；成长有目标，高的目标是追求卓越，低的目标即不失败。

成功观：成功需要准备和努力，也需要环境和帮助；成功是成长在某一阶段的成绩，是某一阶段个人能力提升的充分展现；成功是实现了某一阶段的目标，是对自己努力的一种最好的激励。

成绩好不等于好学生

——“神童”魏永康的悲剧

1983 年 6 月，魏永康出生在湖南省华容县一个普通家庭里。他的妈妈曾学梅是一个要强的人，从小就对他寄予厚望，全心全意想把他培养成才。他也很争气，没有辜负妈妈的期望：2 岁就掌握了 1000 多个汉字，4 岁时基本学完了初中阶段的全部课程，8 岁时进入县属重点中学读书，13 岁时以高分考入湘潭大学物理系，17 岁时以总分第二的成绩考入中国科学院高能物理研究所，成为硕博连读研究生。他还有一个从 2 岁起就伴随他的称号——“神童”。

为了专心培养他，从他 8 岁上中学开始，他的妈妈就全职陪读。除了学习，什么事都不让他干。给他洗衣服、端饭、洗脸，每天早晨连牙膏都要给他挤好，甚至为了让他在吃饭的时候不耽误看书，在他读高中的时候还给他喂饭。这种一手包办的生活方式一直延续到魏永康大学毕业。

进入高能物理研究所后，妈妈认为儿子聪明，什么东西一学就会，不用再陪读了。但此时魏永康完全无法安排自己的学习和生活，不仅平时的学习和生活难以自理，甚至忘记要参加考试和撰写毕业论文，而没写毕业论文这件事最终让他失去了继续攻读博士的机会。

和古代“神童”方仲永一样，魏永康也没有在长大后延续传奇。

2003 年 7 月，已经读了 3 年研究生的魏永康连硕士学位都没拿到，就被学校劝退了。之后，他始终都没有找到未来的“出路”，之后的求职、求学则一路坎坷。后来，他的妈妈对记者说：“我心想，他人这么聪明，将来长大离开我，生活上的事情很快就能学会的，不晓得他已经形成习惯，改不过来了。”

魏永康是好学生吗？

【评析】 魏永康的事例在高考大军中不是特例，在庞大的学生队伍中可以常常见到。我认为魏永康是个学习好的学生，但不是个会生活的好学生，是典型的高分低能。长久以来，现行教育制度使我们形成了“唯分数论英雄”的观点，只要成绩好，就是同学们羡慕的对象。社会过分注重学生“智力”的表象化却忽视了对他们自立能力的培养。一个真正的好学生，应当是品学兼优的。何谓之“品”？应当是一个人的自尊、自律、自爱乃至自立自强。魏永康从小便依靠母亲，刷牙、洗脸等小事也不自己做，已经失去了自立自尊自爱的品德和能力，离开了父母便没有办法生活，又何来自立自强。某一种能力的超长发挥弥补不了其他的缺陷，一个好学生讲求的是德智体美综合素质好，即便你在学习场上有过人的优势，也没有办法掩盖生活场、社会场上的劣势。魏永康就像纸上谈兵的赵括，缺少的是实践的锻炼，就像我们常说的“高分低能儿”，我们为他所取得的惊人成绩而惊叹，对他的结局感到惋惜，但仅仅是惋惜。

从这件事中，我们可以看到很多现代父母的缩影。他们认为“孩子不能输在起跑线上”，众多补习班从孩子小时候便“从天而降”，期望孩子是“神童”。孩子们背负着“神童”的称号，失去了正常儿童应有的乐趣，有着“高处不胜寒”的悲哀。哪怕当时得到短暂的荣耀，可未来的出路在何方？一生只能黯淡收场。一个四肢健全，却生活无法自理的人，不是一个好学生。

“分数”不是决定命运的唯一杠杆

——倒数第一的学生成为世界五百强企业老总

林清玄，当代著名作家、散文家、诗人和学者。他说过这样一段话：

“考大学了，第一年没考上，第二年也没考上，第三年终于考上了。大学录取分数是361，我考361.5，回到家我用红纸写上‘恭祝林清玄金榜题名’贴在大门上。

“上了大学，我琢磨起谁是考361分的幸运儿。一番调查后，我发现是张毅。后来他成为‘琉璃工房’公司的老板，世界五百强企业。”

很有意思是吧？两个排在班级倒数第一、第二的学生，一个成了世界五百强企业的老总，一个成了著名的作家。我侄女经常说起她的一位高中同学，上学期间，成绩永远是最后几名，老师连看都懒得多看他一眼。高中毕业后读了一所职业学校，糊弄了一个大专文凭。沉寂了几年，当侄女再次听到这位同学的消息时，她的这位同学已经去了一个沿海城市，开砖场、搞养殖、加工海鲜……现在混的风生水起。用侄女的话说比他们这些上班族不知要强几千几万倍。

【评析】 我认为一个人成功与否取决于其所从事的岗位是否与其所擅长的领域有着很大的关系。人来到这个世界上，就证明他有着自身的某一价值，能否实现就在于选择。

现在中国的教育方式就是将多名学生安排在同一间教室里，学习同样的知识。小学、初中是知识的学习阶段，没有一点儿文化水平是真的不行，虽说现在也有许多没有上过学却将生意做得极其成功的例子，但至少有文化能更加轻松一些，能将成功的时间期限缩短。到了高中，我认为就是该初步摸索自身特长是什么并逐渐发展的时候了，但现在我们的教育情形却是，到了高中只是将小学、初中的学习力度加大了，将学生的学习始终局限于书本上。也许在一间教室中的学生未来会是作家、物理学家或化学家等，但是，这个社会还需要很多其他方面的人才啊！如今的教学模式造成了该当厨师的当了教师，该当建筑师的却进了银行，明明在这个领域有特长的人却去了另一个完全无法展现其才能的地方。都说高考报志愿很重要，要选好专业，但大多数学生在选专业时是极其茫然的，多是随便选一个或听家长的意见罢了。造成这种现象的原因不就是他们不知道自己适合做什么吗？没有接触过所以不懂，所以茫然，导致走错了路。喜欢的一定是合适的，也有学生说自己喜欢这个职业所以选了这个专业，喜欢是因为看见了某个人在从事这个行业时的快乐，但要注意的是，那是别人不是你自己。鲁迅先生在医学专业上的成绩并不理想，但在文学方面很好，他也最终成了一名优秀的学者、作家。这不就是因为擅长吗？

未来的一切都是不可预知的，找到特长并不断发展自己的特长，这才是成功的捷径。趁年轻还不晚，不断地尝试，相信一定能找到那个对的适合自己的领域。

让未来的你，感谢今天努力的自己

——英语基础差的小敏成了美国大学教授的启示

同事毕业于某省一所重点综合性大学，她所在的院系是教育科学管理学院，该学院有两个专业，一个是教育学，一个是幼儿教育。她有个同学叫小敏，是被一所中专院校保送来的。小敏因为没有上过高中，英语基础很差，但是她的梦想是英语四、六级一次通过。对于大多数大学生来说，四、六级是他们心中永远的痛，他们觉得中专毕业的小敏想一次通过英语四、六级简直是异想天开。

小敏开始了大学生活，上课永远坐在教室第一排，晚自习永远上到教室关灯。因为口语差，小敏每天走路总是带着耳机听英语，就连做梦，嘴里念的都是英语。宿舍的同学都不理解她，甚至觉得她不合群，但是她依然如故。

结果，她大一就考过了英语四级，还是优秀；大二考过了英语六级；大四时她考上了北京大学的公费研究生。之后，她公费出国，再后来，她获得了美国的绿卡，并在美国的一所大学评上了教授。

【评析】 “在未来感谢今天的自己”。我想，小敏今天一定十分感谢当年努力拼搏不曾放弃的自己。尼采说过：“每一个不曾起舞的日子，都是对生活的辜负。”小敏的人生，无论是今天成为美国一所大学的教授，还是过去为了梦想的不懈追求，都是精美出彩的，为梦想奋斗的日子，都是精彩生命的绽放。

真正的成功者都是不为常人所理解的，小敏也不例外。小敏每天上课积极学，下课认真背，学习英语堪称“走火入魔”。舍友、同学都不理解她，甚至觉得她有些不合群。不轻易评价他人，是一种修养；不活在他人的评价中，是一场修行。小敏就是这场修行的渡者，她不在乎他人的评价，不会因他人的看法而怀疑自己，也不会因所谓的不合群而动摇自己修行之路的目标。

小敏的成功并不意外，一切都是她经过努力所应得的。多少人只是将梦想挂在嘴边，而不付诸实践。小敏的努力与坚持历历在目，她的成功对得起她的努力，她的奋斗配得上她今日之成就。我们常说，你只要付出就好，剩下的交给时间。时间是最公平的，它对待每一个人都是一天 24 小时，一小时 60 分钟。我们要做的就是努力坚持，成功需要努力加坚持，是用时间熬成的。

所以，你只要付出努力就好，你想要的，时间自会给你！

破蛹成蝶

——请不要让孩子变成“巨婴”

草地上有一个蛹，被一个小孩发现了，因为曾听妈妈说过蛹可以变成蝴蝶，于是他把这个蛹带回了家，想观察蛹变蝴蝶的过程。

过了几天，蛹上出现了一道小裂缝，里面的蝴蝶挣扎了好长一段时间，身子似乎被卡住了，一直出不来。天真的孩子看到蛹中的蝴蝶痛苦挣扎的样子十分不忍，于是，他拿起剪刀把蛹壳剪开，帮助蝴蝶脱蛹而出。

然而，由于这只蝴蝶没有经过破蛹前必须经过的痛苦挣扎，失去了成长的必然过程——蝴蝶的成长必须在蛹中经过痛苦的挣扎，直到它的翅膀强壮了，才会破蛹而出——以至出壳后身体臃肿，翅膀干瘪，根本飞不起来，不久就死了。

自然，这只蝴蝶的欢乐也就随着它的死亡而永久地消失了。

【评析】 阳光总在风雨后，不经历风雨，怎能见彩虹？孩子为了帮助蝴蝶，剪开了它的蛹，却让蝴蝶的生命就此消逝。不经历磨砺、苦难，蝴蝶又如何能让自己得到充分的历练，又如何能面对之后的种种危难？同理，在物质条件充裕的今天，父母对孩子百般溺爱，捧在手里怕摔了，含在嘴里怕化了，使孩子养成了娇纵、以自我为中心的坏习惯，甚至培养出了不少“巨婴”，这实在是教育的失败。真正的成长，是需要让孩子们经历适当的挫折和磨难的，这是漫漫人生路上不可缺少的一环。对于“巨婴”，父母保得了一时，保不了一世，最终还会害了孩子。没能在过往的错误、挫折中总结教训、吸取经验的人是谈不上成长的，更不用说指望他们成功了。父母之爱子女，则为之计深远。不肯让孩子吃苦的父母，其教育无疑是失败的，就像没有经历破蛹的蝴蝶飞不起来一样，无坎坷，不足以谈人生。

我一定能找个座位

——执着的人更容易获得成功

说到耐心和执着，想和大家分享一个小故事，你可能会觉得很有趣。

朋友经常出差，有时会买不到坐票，但无论长途短途，无论车上多挤，他最后总能找到座位。

“买不到坐票时一般都是人挤人，怎么可能找到座位。”

“买不到坐票我都是站一路，从来没找到过座位。”

“你说的这根本不可能，吹牛呢吧?”

甚至有人开玩笑说：“你是不是抢了别人的座位?”

……

总之，我们没有一个人相信他在没有坐票的情况下还能找到座位。

看我们都不相信，他得意地说出了他能找到座位的原因：“你们之所以找不到座位，是因为和其他人一样没有坚持，每次我都是一节车厢一节车厢地找，总有人会因某事而不坐了，或因时间关系没赶上火车。你们买不到坐票时是怎么办的？是不是就在上去的那节车厢里看一看，没有就算了?”

他的办法确实很简单——有耐心，够执着。

【评析】 耐心地从一节车厢找到下一节车厢，虽然显得有些笨却是很实用的方法，说到底不过是基于人生态度的选择而已。面对相同无坐票的情况，有的人选择站于过道、车厢接头处，放弃一节节车厢的寻找从而获得疲惫的憩息，这是保守的做法。锲而不舍地寻找座位是更具有风险性的做法，为了获取舒适的座位需在前期支付代价：在狭窄的过道中穿行，背负着沉重的行囊，走过好几个车厢却仍看不到空位的影子。这是需要运气、耐心、毅力的风险性作业，当然，收益也令人向往。

“人生就像是一道道选择题。”选择这件事兼备了风险与收益，是没有对错优劣之分的。但那个“我一定能找个座位”的选择背后所承载的坚韧持久的毅力，那种对于逆境的忍耐与昂扬向上的信念是值得我们学习的。

在价值多元化的时代，不置喙他人的选择，积极寻找其选择背后闪闪发光的品格，才是真正需要我们学习的。而且，对这一方面的泛用性也应该加深思考。

找空位是便利自己的方法，但是否会给他人带来麻烦？寻找空位属于正当的行为吗？如果换了场合还合适吗？这些属于“我一定能找个座位”信念之外的话题，并非不具有思考价值。在具有勇往直前、锲而不舍的冲劲之前，要先明确自己的方向是否正确，是否违背了原则，是否投机取巧了？是否破坏规则了？当然，在当前境况下，这一行为是在既定条件下争取利益最大化的聪明做法，并无不合理之处。

故而，对于这个故事的思考应远不止于赞扬其耐心、执着，在尊重他人不同选择的同时，遵循原则，学习选择背后的人性闪光点，这才是我们要做的。

勿以分数论英雄

——“教育焦虑症”的危害

朋友家有个小男孩，现在上五年级。孩子性格开朗，为人仗义，懂得关心人，又讲礼貌、懂规矩，知识面也很广，动手操作能力也很强。

大家一定认为这个小男孩又乖又懂事，简直就是“邻居家的孩子”，很羡慕其父母，希望自己的孩子也能如这个小男孩一样。但事实上，他的爸爸妈妈经常发愁：孩子成绩不太好。老师说孩子上课总是开小差，讲过的题一问三不知；背课文时，别的学生都背熟了，就他记不住，孩子成绩差不是智商原因，关键是不认真，希望父母可以帮助纠正孩子不认真的态度。

因此，他的爸爸妈妈每天下班就陪着他写作业。因为写作业的问题，孩子经常和爸爸妈妈发生冲突，最后闹得孩子不开心，大人很烦躁，家里因为孩子的学习问题闹得鸡飞狗跳。

【评析】 在仍以应试教育作为孩子人生发展主导性因素的今日，父母对孩子成绩的关心似乎已成常态。然而，过度的关心往往适得其反，非但不能使孩子学到有用的知识，反而会影响孩子积极健康的学习心态。

“教育焦虑”这种情况的产生，或许是当代社会日益激烈的竞争所致。父母不愿让孩子输在起跑线上，要求他们各方面都发展良好，尤其是在学业上。这可以理解。但是，学习成绩只是用于检验孩子在某一阶段的学习状况，并不能决定其终身发展状况。而良好的人生态度却是陪伴孩子终身的。

人生道路何其漫长，父母应起到积极引导的作用，引导孩子树立良好的人生观、价值观，引导孩子走向坚强，走向独立，走向成熟。学习成绩不过是漫长人生道路上的一个小插曲，而学习是终身的，怎能囿于书本上的知识？除了书本知识，还有社会这本大书等着孩子在步入社会后去阅读，去理解。他们有着自己的人生方向，会走出属于自己的精彩人生。

因而，家长关心的，不应该只是孩子的学习成绩，还应该关心他们真正的爱好。每个人都有自己擅长的领域，家长要引导孩子寻找属于自己的人生目标。因为一旦拥有了目标，孩子便有了学习的兴趣与动力，成才便指日可待了。孩子天生是创造家，有着丰富的想象力，家长不能早早地剥夺他们的想象力。灵活的思维需得到家长的认同，家长不能以成绩作为衡量孩子今后发展的标尺，应该给孩子一个美好的童年，让他们在老师和家长的指导下养成良好的人生态度，找到自己真正感兴趣的事物，并有足够的信心与勇气去追逐理想。

把平凡的工作做到极致

在北京APEC会议期间，有人利用古老的中国錾刻技术，给各国元首开了一个小小的玩笑：在送给他们的国礼中，有一个金色的果盘，果盘中放着一块柔滑的丝巾，看到的人都会情不自禁地伸手去抓，却没人能抓得起来。原来这块丝巾是用纯银錾刻出来的，它出自錾刻工艺师孟剑锋之手。

刚接到图纸时，孟剑锋也很为难，因为这需要在银片上錾刻出扎实的竹编纹理和丝巾自然垂落的细腻褶皱。他反复琢磨、试验，亲手制作了近30把錾子，最小的一把在放大镜下做了5天，錾子上有20多道细纹，每道仅0.07毫米。

做好錾子仅仅是第一步。最难的是在不过比鸡蛋壳厚一点儿的银片上打造经纬交错的纺织纹理。“一定得一次就錾到家，不能半途停，停了花纹衔接就不自然了。”不仅如此，錾刻的力度也得小心拿捏，稍不小心，整个作品就会报废。“哪怕我前面上百万次的敲錾都精准无误，只要错一次就前功尽弃了。”

除了丝巾，果盘的四足也创造了奇迹——由银丝编制的具有中国特色的中国结造型。有人建议用机械铸造后焊接到果盘上，但孟剑锋认为铸造出来的银丝上有砂眼。在他心目中，没有瑕疵且纯手工，才配得上做国礼。“得趁着金属退火变软的1分钟时间赶紧编。”银丝烫手，但戴上手套太不灵便，只能徒手编制，其右手食指上的水泡结成了厚厚的茧。

“手工作品有它独特的生命力，我希望透过这个盘子，把中国人几千年技艺的传承淋漓尽致地展现出来。”平时一得空儿，孟剑锋就拿起錾子在铜板上练基本功，他深知，耐得住寂寞，才能把平凡的工作做到极致。

【评析】 近年来，我国提倡工匠精神，希望当今时代的我们能够专注地做手头的工作，并且追求极致，尽量把事做到最好。许多匠人出现在公众的视野，虽然他们是靠着手中唯一的技术生活，但他们将这门技术做到了极致。他们追求完美，再小的步骤也会聚精会神去做。即使在我们看来，这项技术并不起眼，完全比不上高科技，但在他们完成制作之时，我们无不为之惊叹，这需要多么专注的精神才能完成呀！如今，生活中大部分的东西都是机器生产，我们嫌手工生产太慢，嫌手工做的样式不好看，有时看别人做时，还会有些“鄙视”，可是有时候，我们不得不赞叹匠人们高超的技术和执着的精神。过去的一双鞋、一口锅，甚至是一辆自行车，我们都可以用很久，现在呢，坏了扔掉时，只能在嘴里嘟囔着：“怎么这么快就坏了？唉，旧的不去新的不来。”看似豁达，实则充满了无奈。

而现在，我们正是缺少这种工匠精神，不仅缺少那份专注，还缺少那份追求极致的心。不得不说，我们当下的生活真可谓是“五彩缤纷”，各种娱乐活动让我们沉迷其中，总是在做事时想着该看第几集电视剧了，在追剧时又想着什么事还没有做完。人们总说世界太浮躁，既然知道，为何不让自己的心沉静下来呢？做事的时候只想着眼前的事，既然做了，那就尽力做到最好。再来说说追求极致，许多心灵鸡汤告诉我们不要太过于追求完美，于是，我们信了，想着只要做完了，能交差就成了；结果不那么难看，就成了。渐渐地，我们失去了追求极致的心。诚然，并不是每一件事都要求完美，但至少要一丝不苟地去完成任务，并尽力把每一步做到最好，这也就在我们自己心中达到了完美，其实这样做并没有我们想象中的那么困难。总而言之，工匠精神应成为我们的人生信条，我们应该尽力向其靠近。

肯定的力量

美国心理学家罗森塔尔和雅各布森来到一所小学，说是要进行一项实验，随意从每班抽取3名学生，6个班共抽取了18人，将他们的名字写在一张表格上，交给校长和教师，并极为认真地说："我们在做一项重要研究，通过我们的测试，发现这些学生是'最有发展前途的'。"并叮嘱他们保密。事过半年，他们又来到该校，发现名单上的这18人进步很大，再后来这18人全都在不同的岗位上干出了非凡的成绩。罗森塔尔借用古希腊神话中一位国王的名字，将这个实验命名为"皮格马利翁效应"。传说皮格马利翁爱上了一座少女塑像，在他热诚的期望下，塑像变成了活人，并与之结为夫妻。

为什么会出现这种奇迹呢？由于罗森塔尔是著名的心理学家，校长和教师对他提供的名单深信不疑，于是在教育这18名学生的过程中，上至校长、下至教师对他们都产生了一种积极的情感：满怀期待的激励。尽管名单对学生是保密的，但教师们掩饰不住的深情还是通过语言、眼神等表现了出来。在这种深情与厚爱的滋润下，这些学生自然就产生了自尊、自爱、自信、自强的心理，在这种强大的积极心理的支持下，他们也认为自己是优秀的，并且刻苦学习，自然而然就取得了显著进步。

【评析】 这些学生刻苦学习、自信自强，是对教师们真诚期盼与坚定信心的回应。教师的深情与厚爱激发了这些学生的主观能动性，从而使他们的成绩提升。当然，我们期望什么并不一定就会得到什么，但是，我们热切的期盼与坚定的信心必定是滋润心灵之花的甘露。

长期以来，教师、家长受"光环效应"的影响，往往不会根据实际情况对学生做出客观公正的评价，而仅凭印象给予判断。因而，优秀学生会更多地受到肯定从而更加努力，学习成绩差的学生常常被批评，导致自尊心、自信心受挫，积极性被抑制。久而久之，学习成绩差的学生的自信心就会被消磨殆尽，越来越差。

人都需要心理上的支持，有时候心理支持的作用甚至会超过物质支持所起的作用。心理支持多了，就会有更多的潜能被激发出来，释放出巨大的能量。一个肯定的眼神、一句鼓励的话语，有时会给人以无穷的力量，甚至会成为改变一个人命运的推手。台湾著名作家、学者林清玄高中时期学业与操行都属劣等，曾经被留校察看，甚至被赶出学生宿舍，但他的国文老师王雨苍没有放弃他，给他的作文以高分，推荐他参加校外的作文比赛，并告诉他："我教了50年书，一眼就看出你是个能成大器的学生。"这句话让林清玄感动、震撼，为不辜负老师的一片苦心，他从此奋发努力，最终成就了人生大业。一个人的自信心很大程度上是通过别人由衷的赞美而获得的。热诚的期盼、坚定的信心对别人的人生或许起不了决定性作用，但在一个人茫然四顾辨不清方向时，这种期盼与信心恰似一盏黑暗中的明灯，能让人在混沌中找到出路。

所得并非所想，所想也未必会得，但富有热忱和真情的念想，会给人心理上的支撑，会推生出理想，会滋养出信心，这些都有可能转化为超凡的意志。

挫折使人更优秀

我曾经教过一个女学生，既聪明又懂事，在她的成长中只有赞扬与鼓励。在一次跳圈比赛中，她输给了同伴。长期的夸奖和鼓励，使得她非常自信，甚至有点盲目自信，这导致她无法正确地认识自我，无法面对这次跳圈比赛的失败，她大哭起来，并表示以后再也不跳圈了。

我意识到她抗挫折的能力太差了，这样会害了她。于是根据她的能力，特意给她安排了一些较难的活动，以使她遭遇适当的挫折，并教育她："这次完不成没关系，只要坚持下去总会完成的，但如果怕困难而不去做，那就永远也完不成了。"

此外，我还给她讲张海迪的故事、讲保尔·柯察金的故事，并经常和她谈心，以使她能正确认识和对待挫折。经过多次谈心，她慢慢地能正确地面对失败，敢于尝试了。

【评析】 "行百里者半九十。"百般磨折不自忘，唯以希望寄将来。面对困难时，大多数人都会烦躁，而且随着时间的推移，消极的情绪会不断滋长，当它超过人的心理能承受的某一界限时，可能就意味着放弃，而克服困难往往需要人超越这个临界值。

学生正处于成长期，面对困难很多时候会选择退缩、逃避，此时教师要引导学生勇敢面对，让学生克服困难，勇往直前，做更好的自己。不过，每个人的能力与意志不同，所遭遇的困难也不一样，但只要能做到不被困难所支配，不被恐惧所吓倒，全力以赴，就对得起自己的初心了。当拥有了这样的品质，再面对生活中的成败与得失时，纵不能坦然，也能咬着牙坚持下去！

积蓄力量也是一种前行

闲时翻看杂志，读到一道智力题：荷塘里有一片荷叶，它每天都会增长一倍。假使30天会长满整个荷塘，请问第28天，荷塘里有多少片荷叶?

很多人肯定会以为第28天的时候至少已经有四分之三荷塘的荷叶，但从后往前推，答案令人吃惊：只有四分之一荷塘的荷叶。

这时，如果站在荷塘的对岸，会发现荷叶是那样少，似乎只有那么一点点，但是，到了第29天就会占满荷塘的一半，第30天就会长满整个荷塘。

在荷叶长满荷塘的过程中，荷叶每天的生长速度都一样，可前四分之一却花去了漫长的28天，只能在偌大的荷塘里占据小小的角落。

由此联想到竹子。竹子用4年的时间，仅仅能长高3厘米，这一点可能令人觉得慢得出奇，但是从第五年开始，竹子会以每天30厘米的速度疯狂地生长，仅仅用6周的时间，就能长高到十几米。其实，在前面的4年时间里，竹子并未停止努力，而是将根在土壤里延伸。

【评析】 “成功的花儿，人们只惊羡它现时的美丽。当初的芽儿却浸透了奋斗的泪水。”起点再低，只要持之以恒，终有花开月明的一天。

荷花用28天的时间来蓄积力量，才有了第29天的厚积薄发。这漫长的蓄势和隐忍，不是所有人都能坚持住的。于黑暗之中默默隐忍，蚕蛹终于化成了翩翩飞蝶；于寒冬之中默默守候，柳枝终于吐出了第一抹新绿；于漫漫长路之中默默前行，溪流终于汇入了海洋。人们常常只见到那绚烂成功的时刻，而忘却了这背后曾付出的努力，承受的煎熬。

十年磨一剑，对于当下浮华的社会来说已经遥远。人们更钟情于各种速成品，没有心思也没有时间去等待慢而美好的事物。很多时候，人们缺少的是一份耐心，所以才会在成功前夕放弃目标。当坚持一件事情很久了，却还是没有收到理想的效果时，不妨再坚持一下，黎明来临前的黑夜，总会显得更加漫长。

如果觉得起点太低，道路太长，不妨专注脚下，脚踏实地一步步向前。什么时候出发都不算晚，坚持下去，最坏的结果不过是大器晚成。

如果，前路是一片泥泞，我愿脚踏实地，一步步测量现实与理想的距离。

如果，前路是一张白纸，我愿以辛勤为笔，一笔笔描绘理想的蓝图。

齐白石“化石为泥”的苦学精神

齐白石，中国近现代绘画大师，对篆刻有极高的造诣。齐老先生年轻时很喜爱篆刻，但他总是对自己的篆刻技术不满意。有一次，他向一位老篆刻艺人虚心求教，老篆刻艺人对他说：“你去挑一担础石回家，刻了磨，磨了刻，等到这一担石头都变成了泥浆，你就能刻好了。”

齐老先生按照老篆刻艺人的要求挑了一担础石来，一边刻，一边磨，一边拿古代篆刻艺术品来对照琢磨，就这样夜以继日地刻着。刻了磨平，磨平了再刻。手上不知起了多少个血泡，一天天、一年年过去了，础石越来越少，地上淤积的泥浆越来越厚。最后，一担础石终于都“化石为泥”了。

坚硬的础石不仅磨砺了齐白石的意志，而且使他的篆刻技艺不断提高，渐渐地，他的篆刻技艺达到了炉火纯青、出神入化的境界。

【评析】 孙中山先生曾云：“虽海枯石烂，而此身尚存，此心不死，既不可因失败而灰心，亦不能因困难而缩步。”诚哉斯言，画坛宗师齐白石便有如此坚韧不拔之毅力。他夜以继日地努力着，不顾手上血泡的疼痛，不顾前路是否通往成功，最终得以“化石为泥”，与其说坚硬的础石磨砺了齐老先生的意志，不如说齐老先生的意志使得坚硬的础石“化石为泥”。

人生亦如此。人生漫漫，路上有数不尽的荆棘，但只要我们有齐老先生坚持不懈的精神、不畏困难的意志，不断前行，何愁朝霞不洒满大道？何愁荆棘不化为绿草？相信坚定此心，砥砺前行，人生辉煌的成功定会“朔漠暖鸿去，潇湘春水来”！

实践篇

教育如何实施，是教师和家长最为关切的问题。教师实施教育的最主要场所是学校和教室，特别是教室，也就是我们所说的课堂。教学是实施教育的最主要方式。教什么、怎么教是主要问题。教育的方法因内容和学生状况而定，而教育的目的则决定了教育的过程和效果。

教学中可以以教师讲授为主，也可以以学生学习讨论为主，还可以以师生互动为主，不能轻易肯定或否定哪种方式，但教师必须关注学生学习时的情感、态度和效果。

学习是认识事物的过程。学生有学得快的，也有学得慢的，有认识正确的，也有认识错误的，教师要理解学生，更要有包容心。

教室是学生出错的地方。教师要善待学生的失误甚至是过错，要引导学生学会如何避免错误，帮助学生矫正错误，使他们养成好的学习习惯，并学会如何做人。

第 1 节 理解孩子

你知道自己的孩子最听谁的吗？是他经常交往的同学或小伙伴，而不是教师和家长，所以孩子与谁交往很重要。

你知道孩子怕谁吗？孩子小时候怕生人，是外在的怕，长大后怕熟人，是内在的怕，因为熟人更了解他。所以当着别人的面批评孩子，孩子是反感的，因为很没面子。我家楼下有一个住户，养了一条宠物狗，如果有客人在时，主人批评了小狗，小狗会好几天不理主人，只有当主人向它道歉并哄它开心后才会好转。若主人单独对小狗进行批评，小狗如果认为自己是冤枉的，也会不服气地叫几声。小狗都如此，何况是人呢?!

人都有自己的偶像，上幼儿园和小学低年级时，偶像是教师或家长，特别是母亲，所以孩子喜欢表现，也喜欢告状，目的是获得偶像的表扬，孩子此时对偶像是真心喜欢，也是高度信赖的。因此，教师和家长要善用批评和表扬。上小学高年级和初中后，孩子的偶像是同学或明星，这时他们的表现是喜欢模仿。上高中后，孩子的偶像是明星或他们自己。这时他们非常注重外在形象，很爱美，对周边人的评价异常敏感，也希望有人注意他。如果不能通过表现好的方面获得关注，就会以调皮捣蛋的方式吸引周围人对他的关注，如果还是没有人关注他，他就会到处寻求归属感，只要有人对他表现出在乎，他就会不管对方好坏地对这个人表示信赖。所以不管是教师还是家长，尊重孩子是极其重要的。

我要跳到月球上去

——激励性语言的神奇

我想，有一个人你一定不陌生。

尼尔·奥尔登·阿姆斯特朗，美国宇航员、试飞员、海军飞行员，以在执行第一艘载人登月宇宙飞船阿波罗11号任务时成为人类第一个踏上月球的人而闻名。但也许你并不知道“登月”背后还有这样一个故事。

幼年的阿姆斯特朗在院子里玩耍，由于声音太大吵到了正在做饭的妈妈。妈妈问他：“你在干吗?”他回答：“我想跳到月球上去!”“哦，原来是这样。”妈妈不假思索地答道，“记住，别忘了回来!”

如果有一天，一个学生对你说：“老师，我将来要当诺贝尔奖获得者。”希望你会说：“好样的，祝你成功！来，未来的诺贝尔奖获得者，先给老师签个名吧!”

【评析】 阿姆斯特朗的妈妈是一个睿智的妈妈，是一个善于运用语言的妈妈。“记住，别忘了回来!”这句话对阿姆斯特朗的影响是非常大的，成为他实现理想的精神基石，成为他努力、拼搏，最终走向成功的跳板和动力。

从这个故事中，我们可以领悟到语言影响的巨大魔力！如果，他的妈妈用怀疑和嫌弃的口吻回答他，那他一定没有现在这么高的成就。这也足以证明语言的“杀伤力”和激励作用有多大。

语言，是人类的交际工具。人们运用语言，在交流中，体会着语言的“温度”。用心分析语言的含义，我们得到的将不只是一个个物理音波，还有喜怒哀乐。我们创造了语言，也受到语言的影响。

语言的影响有正面与反面、积极与消极之分。古人云：“好言一句三冬暖，恶语伤人六月寒。”正是这个道理。

某电视台一档亲子真人秀节目十分火热——《爸爸去哪儿》。在这档节目中，明星爸爸们对自家孩子都是采取鼓励式的教育。比如，杜江父子。杜江的儿子嗯哼在一个游戏环节前，因害怕失败而大哭，杜江立即安慰、鼓励他，最终他用温柔的语言帮助儿子树立起了正确的竞争观。良好的语言能对孩子产生很大的影响，能使他们树立正确的“三观”，能让他们在自己人生的路上越走越辉煌。

语言的消极影响在生活中也时常出现。比如，网络语言暴力。美国著名的“梅根事件”就深刻地反映出了这一点。当事人梅根是美国一名13岁少女，因不堪忍受网友的恶毒辱骂在家中自杀身亡。一段简单的文字，就让一个年轻的生命选择了结束，这时的语言就成了一种“凶器”。

语言对人的影响很大且具有双面性，这就提醒我们教师要慎用语言，要发挥语言的正向激励作用，要让学生们在温暖的语言环境中感受到人生的幸福。

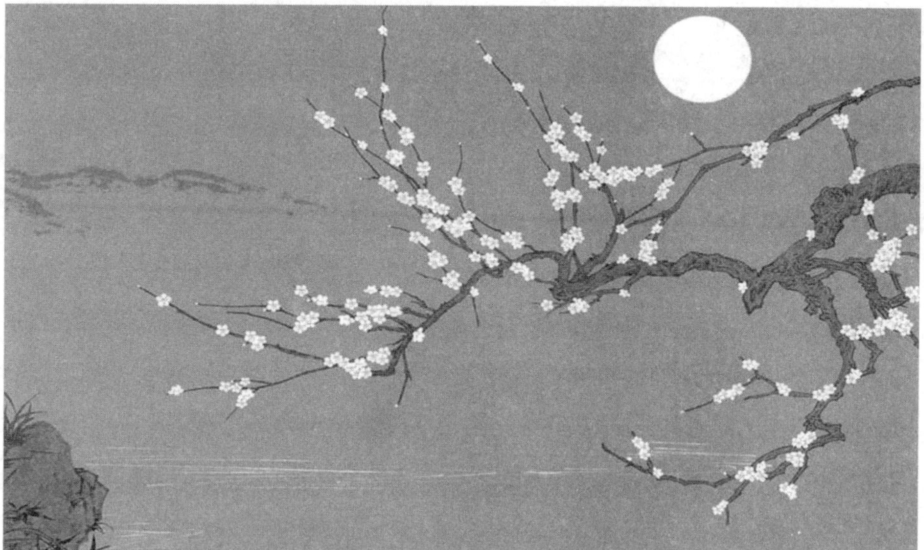

说唱歌手播新闻

——创新是成长的源泉

曾经在搜狐网上看到过这样一则趣闻：为了让非洲年轻人关注国家时事，乌干达电视台推出了一档名为《律动新闻》的新闻节目。这档节目邀请了当地知名说唱歌手以说唱的形式播报新闻。

这档新闻节目时长5分钟，是一种电视直播节目，每周六播出。说唱歌手在每集中播报4个国际或地区的新闻，播报语言有时是英语，有时是乌干达语。由于乌干达90％以上的家庭还没有通电，所以节目一般选在当地人时常聚集的录像厅里播放。

请说唱歌手代替传统新闻播报员，让人眼前一亮，"吸睛"效果很明显。乌干达年轻人原来对发生在自己身边的事漠不关心，现在，乌干达各行各业的人都在收看《律动新闻》，政府官员和商人也不例外。

【评析】 说唱歌手播新闻，是流行与传统的碰撞与融合。这档节目请说唱歌手代替传统新闻播报员，将流行元素融入传统新闻节目中，激发了年轻人的兴趣，吸引了年轻人的注意力，从而达到了让年轻人关注社会时事的目的。

当然，这档节目的成功不仅是由于依靠说唱歌手来播新闻，还有很多其他方面的原因。例如，节目时长、播出时间、播报内容、播报语言、播放方式等。节目时长只有5分钟，不会让年轻人感到时间冗长；选在周六播出，恰好是年轻人娱乐的时间；播报4个国际或地区的故事，内容丰富、涵盖面广；播报语言有时是英语、有时是乌干达语，照顾了不同观众的语言能力；在录像厅播放，考虑到乌干达的现状——90％以上的家庭没有通电。由此可见，这档节目除了"说唱歌手播新闻"这"吸睛"的方式以外，其他环节的精密策划对节目的成功也起到了推波助澜的作用。

《律动新闻》这个节目，除了吸引了社会各行各业的人观看外，政府官员也被吸引过来。仅从吸引方面来讲，既巩固了传统观众，又吸引了新的观众，这种创新和用心无疑是成功的。对于我们的学生而言，创新和用心亦是必不可少的。时代在飞速发展，创新是一种时代潮流。作为学生，更应不断学习、不断思考、不断汲取新的知识和新的技术，更新和充实自己的知识库，还应将学到的知识运用到生活中。

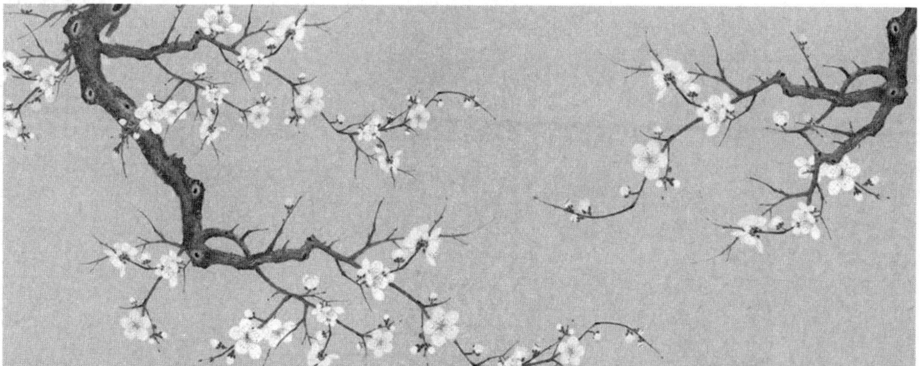

“怎么不学学人家”

——家长不要拿别人家孩子和自己家的孩子比

小芳很烦恼，因为爸爸妈妈总是拿她和别人比，其实她已经很努力了，可总是达不到他们的要求。这不，妈妈开完家长会，回来又是一通唠叨。

回到家，妈妈生气地说：“你们班小敏今天又被老师表扬了，看看你，怎么不学学人家！你什么时候也能被老师表扬一次，什么时候能像小敏一样乖巧、听话、学习好？”“你就不能也去竞选个班干部什么的，跟老师也搞好关系，你看你们班××，家长会上帮老师忙前忙后的。”

不仅如此，让小芳烦恼的还有邻居、亲戚家的孩子，他们都是爸爸妈妈拿来与她做比较的“榜样”：“你看看隔壁王叔叔家的女儿，和你差不多大，作文写的特别好，前不久在区里的比赛中还拿了第一！”“你看看你表姐，钢琴都过八级了，你却没一点儿才艺！”……

小芳时常想：难道自己真的一无是处吗？

【评析】 小芳的妈妈因为小芳没有得到老师的表扬，便生气地批评她，还总拿别人家的孩子来与小芳做比较，根本看不到小芳的优点与长处。其实很多父母都像小芳的父母一样以别人家的孩子为标准来严格地要求自己的孩子。望女成凤、望子成龙的心理常常让一些父母对子女过于严苛，这既伤害了孩子的上进心、自尊心，又会使孩子的闪光点被忽视，严重的还会使孩子在一条由父母规划好的、别人家的孩子正在走的路上艰难成长，成为别人的复制品。

世界上没有两片一模一样的树叶，他人的成功是不可复制的。为什么一定要去学人家呢？我们每一个人都是与众不同、独一无二的，都有自己的闪光点。李白曾写过千古名句：“天生我材必有用，千金散尽还复来。”

作为父母、教师，要多鼓励孩子：相信自己，相信自己的能力，按照自己的方式、自己的思路去学习，去走属于自己的路，获得属于自己的成功。或许，自己家的孩子不能像别人家的孩子那样取得那么大的成功，但他仍可以在自己喜欢的领域、自己喜欢的职业中奉献自己，贡献力量。

家长、教师要有正确的教育观，不要用同样的标准要求所有的孩子。孔子主张因材施教，根据不同学生的优缺点采用不同的教育方式。家长和教师也应如此。要求孩子上进、勤奋无可厚非，但家长、教师还应当用善于发现的眼光来发现孩子的闪光点，帮助孩子找到自己擅长的领域，做孩子成长路上的指明灯。当孩子经历风雨时，去为孩子遮风挡雨，与他携手前行，共同进步；当孩子与我们的意见不同时，我们可以耐心地与其沟通，告诉孩子我们的想法，而不是去指责他。

我们要学会大胆地告诉孩子："你是独一无二的，可以成为最美好的自己。只要你主动学习他人的长处，反思自己的不足，不断学习，不断充实自我、发展自我、完善自我、提高自我，那么，你一样能成为一个优秀于他人的人!"

向总统成功推销斧子的“推销员”

——自信是一种强大的力量

布鲁金斯学会创建于1927年，以培养世界上著名的推销员著称于世。布鲁金斯学会把一只刻有“最伟大的推销员”的金靴子赠予了乔治·赫伯特，因为他于2001年5月20日成功地把一把斧子推销给了小布什总统。这是自1975年以来，该学会的一名学员成功地把一台微型录音机卖给尼克松后，又一学员获此殊荣。

布鲁金斯学会有一个传统，在每期学员毕业时，会设计一道最能体现推销员能力的实习题，让学员去完成。克林顿当政时，他们出的题目是“请把一条三角裤推销给现任总统”。八年间，无数个学员想尽办法，都无功而返。克林顿卸任后，布鲁金斯学会把题目换成“请把一把斧子推销给小布什总统”。

很多学员认为，这道题将和克林顿当政时那道题一样毫无结果，因为总统什么也不缺，即使缺什么也用不着他自己去买；再退一步说，即使总统亲自购买，也不一定能赶上你正在推销。

然而，乔治·赫伯特却做到了。一位记者在采访他的时候，他是这样说的：“当时我给总统写了一封信，说：‘有一次，我有幸参观您的农场，发现里面长着许多树，有些已经死掉，木质已变得松软，我想，您一定需要一把斧头，但是从您现在的体质来看，小斧头显然太轻，您可能需要一把不甚锋利的老斧头。我正好有一把这样的斧头，它是我祖父留给我的，很适合砍伐枯树。倘若您有兴趣的话，请按这封信所留的信箱给予回复……’最后他给我汇来了15美元。”

乔治·赫伯特的故事留传出来之后，一些读者纷纷搜索布鲁金斯学会的网站，他们发现在该学会的网页上有这么一句话：“不是因为有些事情难以做到，我们才失去自信，而是因为我们失去了自信，有些事情才显得难以做到。”

【评析】 自信是一种能力。当一个自信的人遇到挫折时，第一时间是想怎么解决；而当一个自卑的人遇到挫折时，第一反应是怀疑自己的能力。这种心态上的不同很大程度上决定了其选择的不同，面对挫折时的承受力与战胜挫折的概率之间关系异常紧密。

自信铺就了通向成功的路，成功又带来更多的自信与坚定，这是一个良性循环。而自卑则恰恰相反，是恶性循环。那么，自信是如何形成的呢？家庭教育相当重要，幸福、稳定的家庭会带给孩子最基本的安定感，使他们不畏惧失败，从而才有自信去开始，然后才会不断累积。当然，尊重孩子的选择，鼓励与支持孩子也十分重要。

自信不只会让人走向成功，更重要的是，能让人从中获得内心的平静。

当你自信时，你会在不知不觉中吸引一批自信的人，这是一种吸引力，是一种无与伦比的人格魅力，能使人正确面对人生中的挫折与失败，不会怀疑自己。

如果前方有万难，自信便是让人排除万难、继续前行的那把钥匙。

“为什么上海的天鹅是白色的”

——质疑是成功的阶梯

古人云：“学起于思，思源于疑。”任何思考都是从疑问开始的。“大疑则大进，小疑则小进”，可以说，疑问是获得知识的前提，有了疑问，才会有进一步深入学习的动力。

上海市有个叫陈岗的学生，一次偶然的机会，他看到一张外国邮票上的天鹅是黑色的，不禁产生了疑问：为什么上海西郊公园的天鹅是白色的？天鹅究竟有多少种呢？它们分布在哪些地区？它们是怎样生活的？

为了得到正确的答案，他对天鹅进行了细致的观察，绘出了几种天鹅的形态图和不同种类的天鹅在我国及世界其他地方的分布图，并写出了观察报告，得到有关专家的一致好评。他也由此获得了有关天鹅的各方面知识。

心理学研究表明，敢于和善于质疑的人，常能打破思维定式，不迷信、盲从权威，不因循守旧，更富创造性。

【评析】 在我看来，陈岗同学的成功在于善于观察，敢于质疑，勤于实践。这三者是其成功的重要因素，缺一不可。

首先是陈岗同学善于观察。他在看到外国邮票上的黑天鹅时，能够想到上海西郊公园的白天鹅，这就是其善于观察的一种表现。

其次是陈岗同学敢于质疑。通常人们在看到与专家学者的观点不同时，一般都是认同专家学者的观点，认为自己是错的。一般人在看到与众不同的事物时，大多选择随波逐流，不会去想“为什么”“怎么样”的问题。而陈岗同学不一样，他在看到外国邮票上与本国公园内的白天鹅不同的黑天鹅时，便提出了“为什么上海西郊公园的天鹅是白色的”“天鹅究竟有多少种”等问题，充分展示出了其质疑能力。

最后是陈岗同学勤于实践。许多人在提出“为什么”“怎么样”等问题后会因为各种原因放弃对真理的追求。而陈岗同学在提出与天鹅相关的一系列问题后对天鹅进行了观察，并绘制了天鹅的形态图与分布图，写出了观察报告，通过实践来解决自己的质疑。

在现实生活中，只有善于观察才能发现问题，只有敢于质疑才能提出问题，只有勤于实践才能解决问题。而任何真理也都要历经发现问题、提出问题、解决问题的过程才能被找到。所以，善于观察、敢于质疑、勤于实践是当代学生必不可少的素质。拥有了这些素质，才能更好地学习知识、找寻真理。

爱的引领

有兄弟二人，年龄不过四五岁，由于卧室的窗户是关着的，他们觉得屋内太暗，看见外面灿烂的阳光，觉得十分羡慕。

兄弟俩就商量说：“我们可以一起把外面的阳光扫一点儿进来。”于是，兄弟俩拿着扫帚和簸箕，到阳台上去扫阳光。等到他们把簸箕搬到房间里的时候，发现簸箕里的阳光没有了，于是他们再去阳台上扫阳光。就这样，他们一而再再而三地扫了许多次，卧室内还是一点儿阳光都没有。

正在厨房忙碌的妈妈看见他们奇怪的举动，问道：“你们在做什么？”他们回答说：“卧室太暗了，我们要扫点阳光进来。”妈妈笑道：“只要把窗户打开，阳光自然会进来，何必去扫呢！”

【评析】 故事的主人公是两个四五岁的孩子，他们天真、稚气，想要把阳光扫进卧室，这从某种程度上说明他们对阳光、对美好的事物是有着渴望与热情的，只是他们选择的方法事倍功半——用扫帚和簸箕扫了许多次，屋里却还是一点儿阳光都没有，这是让人很失望的。这就让人联想到社会上有一些孤独、自卑，不愿与别人交往的孩子，他们内心渴望关怀与爱，渴望与别人愉快地相处，可是得不到正确的引导，也许他们自己曾进行过一些尝试和努力，曾经想要改变自己，曾经鼓起过勇气与人交流，但由于方法不当受到了挫败。于是本就相对脆弱、孤单的心愈来愈封闭，最后处于一种渴望阳光却又亲手关闭心窗而无可奈何的状况。像这样的孩子，更需要教师的关怀、支持与鼓励。

每个人的经历不同，孤独、自卑的状态必有各自的缘由，但不可否认的是，无论如何人生来便是向往“阳光”、向往美好生活、向往人与人之间的关爱的，只要我们肯耐心地引导他们，就会打开他们的心窗，让他们走出封闭的世界。正如故事中妈妈的做法一样，告诉他们采集阳光的方法。因为妈妈是成年人，是有经验的人，她把自己的经验告诉孩子们，带着爱心去引导他们，爱的引领就必然成功。

通过这个小故事，我们不难得出这样的结论：人不喜孤独，众生心向阳光，却并非人人都能找到正确的得到阳光的方法。作为教师，要不嘲笑、不放弃那些孤单而自觉卑微的学生，把阳光洒进他们心里，融化他们心中的冰雪，帮助他们真正打开心窗。当每个人的心中都拥有满满的正能量时，世界会变得更加美好。

孩子特别不听话怎么办?

孩子不听话是父母在家庭教育中普遍感到头痛的问题。工作闲暇之余，大家坐在一起，每当谈论起子女的教育问题，就常能听到父母对孩子表现出的不听话的无可奈何——

“现在的孩子怎么越大越不听话、越来越难管，你叫他往东、他偏往西，与你对着干。”

“想跟孩子聊聊天，可是他一点儿都不听话，没聊几句人就跑了，或是对你的话完全没反应。”

“我家孩子回家从来不先写作业，你说他两句，他脾气比你还大。”

“我家孩子做作业太磨叽，一个小时的作业两个小时能做完就不错了。你说他，他还有脾气，嫌你啰唆，真是不知道怎么管孩子了。”

“我家孩子更了不得了，这都上初中了还不知道学习的紧张，昨天晚上吃完饭提出要去同学家玩，我说让他先把作业写完再去，他就当没听到我的话一样，摔门就出去了。”

……

【评析】 每个青少年在 14 岁左右都会经历一个“叛逆期”，会出现“不听话”的言行，这是因为他们有了一种“我是大人”的认知。在这个阶段他们不希望家长将他们看作什么都做不好的孩子，开始有自己的认知和独立的思考，开始有更多的心理诉求。

在这个心理和生理都急速变化的阶段，如果父母、教师没有给予其正确及耐心的引导，他们很容易误入歧途。家长及教师，不应该将“听话”当作一个孩子是否被教育成功的标准，而应细心观察孩子言行举止中改变的地方，去理解孩子内心的真正诉求以及心中的困惑，及时开解、引导他们。当然，在开解、引导的过程中不应以高高在上的姿态去评判孩子的行为，这样会让他们觉得你并不是真正理解他们。你要和他们平等对话，让他们觉得你是他们的朋友，是一个可倾诉心事、能及时给出意见的朋友。

经历过“叛逆期”的人都知道，这段时期的人渴望被关注、被理解。如能在这个成长期得到正确而又恰当的引导，那么，成长后的他们回想起这段时光，必会淡然一笑，会感激这个时期所经历的一切，而不是无尽的埋怨和懊悔。

第 2 节 教学的导向

教学，需要几个要素：教师、学生、教材、教法，其中教师尤为关键。教师实施教学前必须先了解教材、了解学生，思考如何教。互联网出现之前，教师由于有教材、教学参考书及先行学习的优势，所以在教学中处于主导地位。互联网出现后，教师与学生的学习方式发生了巨大变化，学生甚至可以早学于教师，这时教师的作用不再主要集中于传播知识上，而需要根据学生的学习情况，引导学生学习，解答学生的疑惑，进行个别辅导。于是，如何将知识与方法有机结合起来，就显得尤为重要了。

教学需要质量。学生在课堂上的学习状况是教学质量的直接体现。从学生学习兴趣角度出发的教学，教学质量更高。关于学生的学习兴趣存在四种情况：过去有兴趣，现在有兴趣；过去无兴趣，现在有兴趣；过去无兴趣，现在无兴趣；过去有兴趣，现在无兴趣。如果出现后两种情况，教师不仅需要反思原因，更需要改进教学方法。

“世界就是真正意义上的桃花源”

——开拓学生思维就能发掘学生潜能

我在恩施州巴东县一所初中听课，一位教师讲授的陶渊明的《桃花源记》令我印象深刻。

桃花源实际上是陶渊明政治理想的写照，是他理想中的一个没有阶级、没有剥削、自给自足、和平恬静、人人自得其乐的和谐社会。这位教师由书中的桃花源联系到恩施州，引导学生讨论“恩施州美在什么地方”“恩施州和课文中的桃花源有什么相同点”“你心目中的桃花源是什么样的”，授课的风格别具一格。

学生们各抒己见，有个学生的回答让我很吃惊。他说：“如果没有战争，人们能和平相处，这个世界就是真正意义上的桃花源。”这个回答一下子就把这节课的境界提高了很多。由此可见，学生是有思想、有主见的，学生的潜能是无限的，有合适的契机，他们就会给你带来惊喜。试想，如果这位教师只是照本宣科地设计教学环节，这节课虽然也能中规中矩地上完，但学生的潜能可能就无从体现、无从发挥了，学生智慧的火花也就没有机会迸发了。

【评析】 十年树木，百年树人。教育始终是一个国家、一个民族的重中之重。

恩施州巴东县的这所高中的学生能遇到这样一位注重拓展学生思维的教师，是莫大的幸福。因为现在已经很少有教师能让学生们各抒己见、表达自己的看法了。绝大部分教师都陷入了“唯分数论”的泥沼中，根本没有时间与精力去发掘学生的潜能。

2017 年的夏天，我去了宜昌市五峰土家族自治县，进行了一系列的扶贫调研。在这里我深切地体会到，扶贫首先应该扶教育、启民智。农村学生与城市学生之间存在着很大的差距，这种差距主要体现在知识面与思维水平两个方面。知识面的差距不用太过担心，通过后天的学习，农村学生甚至能掌握更多的知识。但令人担忧的是农村学生的思维水平与城市学生的思维水平之间的差距，不是短时间能补起来的。在一线、二线城市中，教师的教学方法已经从单一的“唯分数论”教学过渡到多元化的引导式、开放式教学了。而在农村学校，教师们还在采用陈旧的照本宣科式教学方法。尽管这是出于对升学率的现实考量，但灌输式的教学已经使这些学生形成了思维定式，这种定式思维是对所学知识的机械反应，也就是我们所说的“思维固化”。我发现，在五峰土家族自治县第一中学的课堂上，学生只顾提笔抄写，师生之间鲜有互动，更别提思维拓展了。

出于好奇，我参观了他们的图书馆。图书馆里摆放着数千本图书，也算是一座不小的宝库了。人们都说：“书读百遍，其义自见。”我也承认读书能给人极大的收获，但若没有锻炼出现代社会中更为重要的思维能力，只简单了解这些知识，当真能够改变人生吗？答案是否定的。所以，相比城市孩子，农村孩子有更长的路要走，希望中国的教育改革能将目光更集中地投注到“教育重点在于训练思维”这一点上。

胆小的小阳勇敢地站了起来

——关注学生的成长

小阳是一个胆小的孩子。

一次语文课上，分配朗读展示任务之后，语文老师发现他因为勇气不足而极力想推掉分派给他的朗读任务，于是便和同学们鼓励他努力去尝试一下。到了展示的环节，见他站了起来，同学们都很诧异，因为他从来没在课堂上站起来回答过问题。虽然小阳读得不是很连贯，但是大家能听出小阳的激动和用心，也能体会他读时的感情。所以当他朗读完坐下后，教室里响起了雷鸣般的掌声。小阳终于超越了自己，勇敢地站了起来，享受到了成功的幸福。

此后，每当小阳回答完问题，语文老师都会由衷地表扬他："小阳，越来越棒了呦！"渐渐地，小阳越来越勇敢了，不仅在语文课上，在其他课上也开始回答问题了；课下，小阳也愿意和同学们一起交流学习与生活中的趣事了。小阳变得阳光、自信起来。

【评析】 "师者，所以传道受业解惑也。"这是韩愈对师者的定义，教师不仅仅承载着教书的任务，也承载着育人的任务。在传授知识的同时，还要对学生的思想品德、行为举止进行培养、熏陶，使之健康成长。

现代教育的发展对教师和学生的要求越来越高。教师在关注学生成绩的同时，也需要投入精力关注学生的心理成长，在其困惑迷茫时加以引导，在其叛逆放肆时加以约束，细心呵护学生的成长。

上文中的教师对小阳在学习及班级生活中表现出来的怯懦采取了鼓励、支持和增强其自信的办法，取得了良好的效果，这种办法值得广大教师借鉴。但这一方法也并非"百试百灵"。人是最复杂的动物，每个人是不一样的，因此需要教师根据实际情况进行灵活机动的策略调整，细心观察学生的动向及变化，进而采取切实可行的措施。

"路漫漫其修远兮，吾将上下而求索。"

思想和灵魂的导师孙维刚

——教师是学生人格的榜样

北京市十大杰出教师孙维刚被他的学生称为“思想和灵魂的导师，终生学习的楷模”。清华大学的一名学生在转为正式党员的思想汇报中谈到了他读中学时的班主任孙维刚，他说：“我们的心灵从他的言行中得到了净化。大家热爱劳动，源于恩师每天早晨到教室打扫卫生；大家良好的修养，源于恩师每天上下班都和看门的老大爷亲切地打招呼；大家严格遵守纪律的习惯，源于恩师迟到了便向我们做检讨，甚至到教室外面罚站；大家的艰苦朴素，源于恩师一年四季仅仅两套旧外衣。”可见，孙老师的一言一行、一举一动对学生的影响，胜过千言万语的说教。这种影响是潜移默化的，也是深入灵魂的，是学生在很长的人生中时时想起的。这才是最成功的教育。

【评析】 教师的确应以身作则，充当学生的指路人。如孙维刚老师一般，被学生称为“思想和灵魂的导师”，这是无上的荣光啊！这比教育部评的荣誉称号更真实、更真切、更具真情！孙维刚老师以一言一行正学生之心灵，此种教育能直击灵魂，达到润物细无声的效果！我相信，其学生日后为人处世，也必将或多或少地循着孙老师的步调而行。

反观当前，有些教师为了荣誉、为了职称连文人最起码的底限都快失却了，连师长最基本的道德都快泯灭了！不断曝光的关于教师的负面新闻，确实需要我们认真思考：首先，师者，德必为先。唯有师德高，自身行得正坐得端，才能为国家培养品德高尚的公民；其次，品德高尚、心灵受到教师净化的公民才有可能被培育成全能型、国际化人才。所以我认为，应大力弘扬高尚的师德，在社会掀起一股正气；同时，也应提高教师的职业标准，只有“德”考核过了，才能被授予教师资格证。

年过六旬的教师像个大孩子

——保持一颗童心

听过一位年过六旬的女教师上课。那天正值圣诞节，她一进教室，便向学生打招呼：祝大家圣诞节快乐！边说边从包里取出巧克力分发给每一个学生，听课的教师们每人也都有一份。

课堂上，师生边吃边互动，气氛十分活跃。如果有学生说话声音小，她不会说“请大声讲”，而是走到那个学生面前，弯下腰侧耳倾听。她时而大笑，高兴得像个孩子；时而双眉紧蹙，双手一摊：“是吗?”“不!”她真是一点儿都不像教师，而像一个大孩子。

课下，我问学生是不是很喜欢这位教师，有学生说：“老师经常和我们一起又跳又唱，她就是我们中的一员。”

没想到，这位教师这么大年纪了，还能像孩子一样又蹦又跳。她在用自己的智慧带学生们重回天真快乐的世界。

【评析】 从这位教师身上，我领悟到了保持一颗童心的重要性，以及以纯真的童心待人的意义。

这位教师虽然年过六旬，但内心仍保持着稚子的率性与童真，这不仅是一种极难得的品质，更是一种极具感染力的力量。她的纯真使她远离成年世界中的烦恼，保持最简单、最纯粹的孩子般的快乐，并且将这样的快乐传递给了她的学生。在圣诞节时将巧克力分给在场师生，用自己的快乐感染他人，这样的教学心态无疑是极有利于学生成长的。反思我们当下的教育，许多学校都存在这样一个问题：教师与学生的心情都被成绩操控着。那么，不妨学一学这位教师，返璞归真，重回童年的世界，乐观、热情地对待学习、工作，让喜怒哀乐都纯粹，得失多少都淡然。

从这位教师身上，我还看到了心态对我们为人处世的影响，这位教师正因为心中保持了一份赤子之情，她才能将自己放在与学生平等的位置，而非一个高高在上的发号施令者，所以课堂上才会有“如果有学生说话声音小，她不会说‘请大声讲’，而是走到那个学生面前，弯下腰侧身倾听”这样的情景出现。这一行为给予了学生足够的尊重，也让她赢得了学生的尊重与爱戴，她用实际行动给学生播下了平等观念的种子，传递了温暖人心的正能量。

这两个同学做得怎么样

——给学生成长的勇气

在书中，看到马克·吐温的一句话："只凭一句赞美的话，我就可以充实地活上两个月。"由此想到了我曾听过的一节小学数学课——

新知识教学完后，为检测学生的学习效果，教师在黑板上写了6道数学题，然后让两个学生去解题。结果，一个学生做对了5道题，另一个学生做对了4道题。

教师问其他学生："这两个同学做得怎么样?"

学生异口同声地说："第一个同学错了一道题，第二个同学错了两道题。"

两个学生站在讲台上有些难为情，他们的表情深深刺痛了我。如果这位教师能够总结说："同学们，你们看，这两个同学都做得不错，一个同学做对了5道题，另一个同学做对了4道题。让我们用掌声鼓励他们一下。"我想这两个学生听到后肯定不会是难为情的表情。

【评析】 俗话说：尺有所短，寸有所长。人人皆有自己的长处，无须将人与人放在一起过多比较。两个学生还只是上小学的孩子，孩子是最渴望被表扬的。然而教师未曾体会到这一点，而是将成年人或者说自身思维中的比较心理潜移默化地教给了在座的每个学生。

人人皆有自尊心。逢年过节，带着孩子串门时，总会有家长把自家孩子的一些"错误""糗事"当作谈资，其负面影响非常大，就像这两个学生在众目睽睽之下被指出错了几道题一样。诚然，有错要改，但教师这种非鼓励的教育方式会让学生害怕犯错，从而阻塞了一条进步的道路。如果这位教师能用鼓励的方式引导学生，不仅可以使学生面对问题时乐观积极，更可以使学生不怕犯错、乐于改错，从而取得更大的进步。

其实，这两个学生也都做得很棒，他们在黑板上勇敢地展示了自己，只这一点，就该得到鼓励。

六个铃铛

——故意出错，开启思考的大门

有这样一个小故事。

有家客栈原名叫“银星”。店主很认真地布置客栈，用心经营，店内环境不错，服务也很周到。但不知为何，就是生意惨淡。无奈之下，店主向一位智者求助。

智者说：“这太简单了，你改改店名，就叫‘五个铃铛’吧，然后在门口挂上六个铃铛。”

“店名‘五个铃铛’，却在门口挂六个铃铛，这是什么意思?”

“你试试就知道了！”智者微笑着说。

店主半信半疑地照做了。

没想到，从此每个路过客栈的旅行者都会走进客栈，向店主指出铃铛个数不对这个错误，他们都认为别人没有注意到这个错误。正因为设置了这样一个“出错”的“玄机”，从而吸引了顾客的注意力，而一旦他们走进客栈，就会被里面的环境和服务所吸引而选择留下来歇息一晚。于是，这家客栈的生意慢慢地火爆起来。

【评析】 在日常生活中，我们经常能在身边的一些细枝末节中发现错误。比如，故事中叫“五个铃铛”的客栈却挂了六个铃铛。这看上去是店主的一时疏忽，实际上是有意为之的策略。故意设计好的错误，给了别人改正的机会，世上没有什么比纠正别人的错误更让人高兴的了。

正是这样设计好的错误，给了人们“可乘之机”，调动了他们来指正错误的积极性，从而让他们自然而然地对里面的内容感兴趣，而错误的制造者便可以顺水推舟地营销自己的商品。

由此可见，精心设计的错误可以带动人的好奇心与积极性，从而让人参与到事件中来，产生积极的效用。

在教学中，教师也可以精心设计一些“玄机”，以激发学生的学习和“纠错”的积极性及兴趣。

沉默寡言的小女孩的天籁之音

——赏识教育

有一个沉默寡言的小女孩，一向不被人注意。有一次老师让她诵读《假如生活欺骗了你》，她竟声情并茂地背诵了出来，其他学生都被她的背诵感染了，把最热烈的掌声送给了她。

“小彤，你的表现太棒了！大家都被你的背诵打动了，简直是天籁之音！”

在同学们的掌声中，小彤笑了，笑得那么开心。更让人感到高兴的是，从那以后，小彤的表现发生了很大的变化：开始在课堂上主动回答问题，人也变得自信起来，学习成绩也提高了很多……一棵不被人注意的小草，竟然也能焕发如此光彩。每棵小草都有一颗开花的心，如果教师能抓住时机，给他们一点儿阳光、一点儿温暖、一点儿鼓励与赞扬，在他们的心田就一定会开出世界上最美的花。

【评析】 一个内向的孩子就像一个封闭的房间，人们看不到房间里的色彩。直到有一天，有人为房间开了一扇窗，于是阳光照进房间，人们这才发现，这个小房间里充满了斑斓的色彩。

每个人都有自己光彩耀人的一面，只是缺少了展示自己风采的机会。我们何不做一个为他人打开一扇窗、推开一扇门的“施爱者”呢？用我们的行动和善意为他人敞开窗，用我们的赞美为他人推开门，让阳光照射进去，让房间里的色彩呈现出来，世界便五彩缤纷了。

很多人并不缺少才华，只是缺少展示才华的机会，让每个人都能有展现才华的机会，你会发现每个人都有与众不同的一面。

创新教法，开发思维

——观《触摸春天》教学有感

多年前，我在武汉市的一所小学听了一节语文课。这节课讲的是《触摸春天》，我觉得这节课设计得非常好，课堂上教师没有过多地讲述语文的内容，而是让学生做课堂的主人，教师只是发挥引导和组织的作用，教学效果特别好。

《触摸春天》这篇课文讲述的是一个叫安静的盲童，她心地善良，在触摸春天的过程中，意外地捉到一只蝴蝶然后又把它放飞的故事。课堂上，教师给学生提出了这样几个问题：盲童的名字“安静”有什么含义？我们睁着眼睛捕捉蝴蝶都很难，而盲童安静为什么能捉住蝴蝶？为什么课文标题叫“触摸春天”？

问题提出后，教师给了学生充足的时间自主讨论。讨论过程中，教师不停地在教室巡视，一会儿加入这个小组进行引导，一会儿加入那个小组聆听学生发言。通过讨论，学生最终领悟了文章最后提出的观点：谁都有生活的权利，谁都可以创造一个属于自己的缤纷世界。

【评析】 《触摸春天》这篇文章内容并不难，主旨也通俗易懂：告诉我们应当关注弱势群体，每个人都有生活的权利，谁都可以创造一个属于自己的缤纷世界。教学的精彩之处就是教师提出的三个问题。

第一个问题：盲童的名字“安静”有什么含义？

我们无法理解盲童的感受，他们只能依靠视觉以外的其他感官来感受世间万物，用心安静地倾听是最好的方法，静下心来感受春天，才能真正“触摸”到春天。

第二个问题：盲童为何能够捉住蝴蝶？

捉蝴蝶这件在我们常人看来比较困难的事，一个盲童却轻易完成了。

因为环境安静，蝴蝶才会停下来，那么我们可否理解为，当盲童安静地感受春天时，蝴蝶自己飞了上去。蝴蝶作为春天的代表，恰好切合题目，也从另一个侧面展现出盲童感受春天时内心的平静。这两个问题的答案也就解释了第三个问题：为什么课文标题叫“触摸春天”？

教师的这三个问题让我看到了一种新的教学方法。

虽说为师者要“传道受业解惑”，但当今的课堂教学还需要开发学生的创新思维，当代教育工作不再只是简单地教授知识，而是对教师的综合能力提出了更多的要求——不仅要能力强还要能与学生沟通，努力使师生之间没有代沟。

这样上课你不累吗?

——将课堂还给学生

几年前听过一节地理课，教学内容是地壳运动。课堂上，教师的课件做得美轮美奂，不仅有文字，还有图片、动画，知识的链接也很丰富、充实；教具准备得也很充足。可以看出，执教教师是做了精心准备的。

课堂氛围非常融洽，教学设计精益求精，教学环节环环相扣。但是，整节课满满当当的，让人目不暇接，绝大多数时间都是教师在富有激情地讲解、演示，学生回答问题的机会极少，更不用说参与讨论和展示了。课堂完全变成了教师的秀场，听不见学生的声音。

课下研讨时，这位教师对自己上的这节课还颇为得意，但教研员问了一个颇有深意的问题：这样上课你不累吗?

【评析】 美轮美奂的图片、动画，丰富的知识链接，这节展示课看似颇为“成功”，其实它忽视了最基本的东西，那就是教学互动。如果将这节课作为科普大课堂，一定会大获赞赏。但这是给学生上的一节地理课，课堂上学生回答问题的机会少得可怜，不能不说是一大败笔。

不读书则愚，不思考则浅，不多练则生，不巧用则钝。这样的课堂不光教师上课会累，学生也增长不了多少智慧。读书长知，思考长智，在这样的课堂上，也许接受能力强的学生能接受到教师讲的百分之八十的知识，但是这与学生自己看书又有何区别呢?

现在许多人提倡“翻转课堂”。所谓“翻转课堂”，就是将学习基本知识的任务放到课下进行，教师只做适当引导，而将问题解答、观点碰撞、头脑风暴的活动放在课堂上进行。“翻转课堂”注重锻炼学生的思维，这是“长智”的必由之路。

把课堂交给学生也能成功

最近，我一直在思考口语交际课怎么上。口语交际课上，总是只有那么几个学生发言，其他学生只是做观众。如何调动学生的积极性，让更多的学生动起来？我决定以“浓浓的乡情”为主题，组织学生开展一次语文活动。

当我把这个想法告诉学生时，教室里立刻沸腾了。他们都很兴奋，我趁热打铁，问：“哪些同学愿意毛遂自荐，来挑战一下当主持人呢？”学生从来没有主持过这样的活动，心里没底，所以大家只是窃窃私语，你看看我，我看看你，谁也不敢举手。我继续鼓励道：“敢于第一个吃螃蟹的人是值得敬佩的，我相信咱们班也一定有这样的人！”话音刚落，张××就把手举得老高。接着，一个女生也举起了手。经过全班推荐，我最终挑了4名学生来做主持人。

为了激发全体学生的参与意识和竞争意识，我要求他们以小组为单位准备节目，每个组至少出一个集体节目、一个个人节目；集体节目必须全员参与，个人节目可根据内容自行安排人数；排练和演出由组长全权负责。

我给了学生两天的准备时间。在这两天里，我明显觉得学生们一个个都激情饱满，充满自信。两天后，活动如期开展。我走进教室，黑板上“浓浓的乡情”几个醒目的大字经过一番修饰分外漂亮。据了解，这几个字出自本次活动的主持人之一蔡××之手。真没想到，她的艺术字居然写得这么漂亮，连我都自愧不如。

活动开始了，我站在教室的后面，用手机录像。一组的配乐诗朗诵声情并茂，深深地打动了大家的心；二组自编自导的“三句半”轻松幽默，惹得大家哈哈大笑；三组的小品别出心裁，深受大家喜欢……

一张张灿烂的笑脸，一个个精彩的节目。一节课下来掌声不断，笑声不断。学生们是那么积极、那么轻松、那么愉快。下课后，他们依然沉浸在活动的喜悦气氛之中。

这是我接手这个班以来上得最轻松的一节课。第一次看到学生们笑得那么开心、甜美。尽管还有很多不足，却让我真正体验到了把课堂还给学生后的轻松和释然。那一刻，幸福感已溢满我的心田。

【评析】 毋庸置疑，一名合格、优秀的教师一定会尊重学生的自主学习权。有的教师担心学生的年龄小，还不是把自主学习权还给他们的时候，还是认为“教师讲，学生听”的教学模式更有利于学生学到知识。可这些教师是否想过，能力是需要慢慢培养的，如果从小就引导学生自主学习，我相信在小学毕业前他们就能掌握自主学习的本领。

“授人以鱼，不如授人以渔。”在教学时，教师不能单单只教学生具体的知识，而应教会学生学习的方法，培养学生学习的能力。学会了自主学习，学生的思考能力、动手能力、组织能力、模仿能力等都会有所提升。这样，学生在以后的学习生涯中才会走得更轻松、更顺利，才会有更多的热情、精力投入到学习中，这样学生才有可能提高学习效率、收获更多的知识、取得更理想的成绩。

当这位教师让学生毛遂自荐做主持人的时候，开始学生都不敢举手，于是教师鼓励大家做“第一个吃螃蟹的人”，一下子打消了他们的顾虑。

“真没想到，她的艺术字居然写得这么漂亮，连我都自愧不如。”可见，将自主学习权还给学生的做法，使学生有机会向大家展示自己的才华。

把自主学习权还给学生还充分调动了学生学习的积极性，成功转变了师生之间的角色，实现了师生平等合作的目标，使学生真正成为课堂的主人。

不过，这一做法也有一些不足之处。将学习自主权还给学生，充分调动学生学习积极性的出发点固然是好的，但同时也应充分考虑学生的年龄及能力是否足够应对教师“发起的挑战”，任务交待之后教师是否应该给学生更多的指导、帮助与提示。同时“让组长全权负责”这一做法，也略有不足，毕竟学生的能力有限，应当给组长安排一个副组长作为助手；以后开展此类活动应充分考虑活动的难度，留给学生充足的准备时间，这位教师留给学生两天的时间，显然有些不够。

“教育本身意味着一棵树摇动另一棵树，一朵云推动另一朵云，一个灵魂唤醒另一个灵魂。”教育，简言之，就是一种人与人之间的关系。

iPad 进课堂

武汉经济技术开发区三角湖小学的张小红老师上了一节 iPad 进课堂的展示课。

她在讲授《索溪峪的“野”》一课时，将张家界索溪峪的“山野”“水野”“物野”“游人野”在音乐声中活灵活现地呈现了出来。课堂上，学生们用 iPad 收取课件、写作业，遇到不懂的问题在群组讨论；然后，教师在 iPad 上为学生依次点评，并挑选比较好的片段让学生朗读。这一教学方式深受学生喜爱。学生在 iPad 上做练习，教师可以更直观地看到练习结果、了解练习效果，如果某题一半学生的答案是错的，那就有必要进行更多、更细的讲解；如果只是某个学生没答好，那只需针对这一问题给他一个人重点布置课后作业即可。平板电脑辅助教学能对学生学习情况进行直接反馈，从而帮助教师更好地因材施教。

【评析】 在数字化、信息化的时代背景下，iPad 进课堂的现象反映了我们教育领域的数字化改革。与以往的传统课堂不同，平板电脑的使用，给教师的教与学生的学都带来了许多变化。这些变化对教师的教学有好的一面，但同时也给教师教学带来了挑战。

从教师的角度看，在课堂上使用平板电脑等电子设备，可以省去板书的时间，从而节省时间、提高课堂效率。此外，电子设备与无线网络的结合为教师提供了丰富的教学资源，让教师能够选择多种多样、形式丰富的资料展示给学生，从而极大地丰富了教师的教学内容，激发了学生上课的兴趣，进而使教学质量得到很大提高。然而，这也给教师带来了更多的挑战：能不能熟练地掌握这些设备的使用方法呢？能不能合理地选择适合学生的教学内容、教学资源呢？如何在有限的时间内让学生利用电子设备学习更多的知识呢？……种种问题与疑惑，都需要教师认真思考并加以解决。

从学生的角度看，iPad 进课堂，让学生不必再背着沉重的书包上学，只要轻轻一点，便能在网络上找到自己想要的东西。同时，iPad 还能使学生的视野更加开阔，足不出户就能够了解世界各地的风土人情。这样生动有趣的课堂无疑能够提高学生学习的兴趣。但是，问题来了：学生如果在课堂上使用 iPad 进行与教学内容无关的活动怎么办？长期使用电子设备，如果给学生（尤其是低年级学生）的视力造成伤害怎么办？过度地依赖电子书写而使学生手写的水平下降怎么办？……这些也是不容忽视的问题。

科学技术的发展给我们的教育带来了机遇，也带来了挑战。我们要抓住这些机遇，勇敢地迎接挑战，只有这样，我们的教育才能与时俱进！

让学生自己讲课

她原来是教中学语文的，后来因为家庭原因，调到另外一所学校做德育工作。再后来，学校缺历史教师，领导又让她教初一的历史课。

她当时想："我也没教过呀，这可怎么办?"但服从领导安排这点自觉她还是有的。虽然她对历史教学毫无思路，但还是接受了任务。

在茫然无措的情况下，她做了一个大胆的决定：返校那天发书时，她把全班学生分成六个小组，并把整本书的内容分给各小组，要求各小组利用假期，查阅资料，做好准备，新学期的历史课将由学生自己来讲。她做这个大胆的决定不是毫无根据的，她当初做语文教师时，就曾让学生备课、讲课，学生们都很积极。当然，当时她没有放权放得像这次这样彻底。

她说，没想到学生还挺配合，欣喜地领了任务。假期里，很多学生通过电话和微信向她请教问题。学生学习的同时，她也积极拜师学艺，拿来了原来同事的教案学习，向有经验的教师请教问题，并去听其他教师的课。经过一个假期的准备，她对教材的重难点也了然于胸了。

开学后的第一节课，她很紧张，担心课堂教学无法顺利进行，打击了学生的自信。庆幸的是，"开头炮"还不错。

学生讲完之后，她对"第一个吃螃蟹的人"予以充分肯定，随后又对相关知识点进行了梳理，告诉学生以后该如何备课和上课。

这样的教学方式有效激发了学生的学习积极性。学习中，就某一个课题，不仅本组学生认真去准备，其他组的学生也会提前查阅资料，因为他们以上课考住"小老师"为傲，如果"小老师"不想被难住，就要查阅更多的资料。就这样，学生们你追我赶，课堂气氛越来越活跃，学习内容也越来越充实。

期末考试，学生给了她一个惊喜。她这个“半吊子”历史教师竟然教出了全年级第一名的好成绩。

惊喜之余，她也有疑惑：这种教学方法能不能推广出去，有没有普适性呢？

【评析】 俗话说：“学无止境。”新时代的发展急需具有自主意识和创新精神的全面型人才，传统应试教育下“满堂灌”的教学方式已经受到越来越多的批判。教育创新，推崇“以教师为主”向“以学生为主”转变，以培养学生的思考能力、创新意识、自主探究能力和实践能力。

这位女教师“让学生自己讲课”的教学方法，值得推崇。

女教师足够认真，提前学习，扎实基础，可谓负责敬业；让学生自主探究课程内容，备课、授课，充分培养了学生的实践能力和自主意识，符合教学改革的要求，有助于师生共同发展，值得肯定与赞扬。

从学生角度来看，学生积极配合教师，自主意识强，实践能力高，充分展现了以学生为主的课堂模式，课堂气氛活跃，值得称赞。

就教学效果来看，师生相互督促，共同学习，一起进步，女教师圆满完成了教学任务，学生取得了优异成绩，学习兴趣显著增强，这是最直接的效果。从长远来看，学生的思考能力和问题意识会逐渐提高，培养全面型人才指日可待。

当然，即使是采用这样的教学方法，如果教师不够认真负责，学生不够自觉积极，也很难取得好的教学效果。

所以，新型教学模式尚需探索改革，尚需经过实践检验，以期能发挥更大的作用。

老师相信你一定能行

我曾听过一节幼儿园的手工课——粘贴国旗。教师事先给孩子们准备好了黄色和红色的手工纸，彩纸准备的量刚好是每人一套，因担心孩子们一次剪不好，所以教师先让他们用旧挂历练习剪五角星。

孩子们探讨后，都纷纷动手剪起来。这时，有个孩子愁眉苦脸地坐在那里一动不动。教师看到后走过去问她怎么了。她小声地说："老师，我不会剪五角星，我怕剪坏了不能粘贴国旗。"教师听后耐心地教了她几遍，然后让她自己折、自己剪，并鼓励她说："孩子，老师相信你一定能行，加油!"过了一会儿，教师走到她的身边想看看她剪得怎么样，发现她剪得很好。

活动结束时，经过全班的评选，这个孩子剪的五角星是全班最漂亮的。教师在全班孩子面前表扬了她，她高兴地笑了。

【评析】 人们常说："兴趣是最好的老师。"但我认为，欣赏与赞美这两位"老师"一点儿也不逊色于兴趣。正如人们熟知的"良言一句三冬暖，恶语伤人六月寒"。怯生生的小女孩在小伙伴们都兴高采烈地剪五角星时不知如何下手，教师并没有指责或埋怨她，而是鼓励和引导她，在她成功剪出五角星后，还给予了表扬。我想，小女孩一开始可能确实不会剪，又或者是有点畏难心理，因为缺乏信心、没有勇气而否定自己，不敢大胆地去做。但在教师爱的欣赏、鼓励与引导下，她勇敢地开始尝试，甚至做得比自己预想中的还好。

教师的赞美与表扬是学生成长过程中不可缺少的精神养料，能增强学生的自信心，让学生变得越来越乐观、积极。

故意犯错，激发兴趣

我曾听过这样一堂课，教师故意设计了几个错误，让学生去发现错误、纠正错误，结果整堂课学生的积极性都很高。“哈哈，老师也会出现错误！”我猜想大部分学生心里都在这样暗自窃喜。

那堂课，教师讲述的内容是《我的伯父鲁迅先生》，他先请一个学生上讲台扮演周晔并且和他分角色朗读这第一段。

读完，教师问：“谁来说说这段话写的是什么事？可以取个什么题目？”

学生说：“写的是伯父和‘我’谈论《水浒传》，并送‘我’两本书的事，题目可取为‘谈论《水浒传》’或‘谈《水浒传》’。”

教师说：“四个字的题目更简洁。好，请同学们对着黑板书空，和老师一起用这几个字练练书法。注意要把字写得工整美观、遒劲有力！”

教师在黑板上写下：谈水许传。

下面学生不干了，纷纷喊：“老师，第三个字写错了，应该是三点水的‘浒’，不是许多的‘许’。”

教师：“哦？我刚刚听一个同学说是‘谈水许（xǔ）传（chuán）’，于是我就写下来了，难道不对吗？”

一个学生说：“不对，要加上三点水——浒，读hǔ，不读xǔ。”

又有学生说：“‘传’读‘zhuàn’，《水浒传》是我国四大名著之一，是一个传记，‘chuán’是传说、传言的意思。”

教师用红笔在“许”字前补上“氵”：“噢，真好！这个同学不仅告诉了大家‘传’是个多音字，还进行了解释。好，你来负责教大家读不同的音，并组词区别一下。”

学生：“chuán，传说、传言；zhuàn，传记、自传。”

这时，又有学生说：“《水浒传》是一本书，应该加上书名号。”

教师补上书名号说：“你们真棒！还有什么情况下应当加上书名号？”

学生说：“书、文章、电影及电视剧、报刊的名称都得加上书名号。”

【评析】 在这节课上，教师有意“卖破绽”，提升了学生的学习兴趣与探索能力。俗话说：“兴趣是最好的老师。”出其不意的教学方法确实有一定的积极作用，但也有其局限性。首先，当知识逻辑更紧密、难度更大、学习强度加强时，“卖破绽”容易导致学生思维的不连贯和混乱；其次，课堂上的时间是宝贵的，师生间的互动要与教学效率保持平衡，不能厚此薄彼。

补充关联词

1999年，我曾到北京的一些学校参观学习。其间我听了一节初二的语文课，具体的内容已经不记得了，但教学中的一个环节令我至今难忘。

记得课堂上，教师将叶圣陶先生关于论写字的一篇文章和另外一位名家关于写字的文章放在一起进行教学。教师先把叶圣陶先生的文章中的关联词全部删掉，再把另一位名家的文章中的部分段落插进去，然后把整篇文章的顺序打乱，最后让学生回答几个问题：叶圣陶先生的这篇文章是什么题材？整合后的文章中，哪些是多余的段落？排列出叶圣陶先生文章段落的先后顺序，并补充每段中的关联词。

整堂课，学生学习兴趣高涨，在教师的引导下完成了学习任务；课堂气氛很活跃，大部分学生都积极地参与到教学中，学习效果十分明显。

【评析】 这位教师的教学方法不正是我们近几年推崇的素质教育吗？这样好的教学方法早应成为人人效仿的教学模式，但直到现在仍未能被广泛推广，其根本原因还是在教育制度。

虽然我国已经在努力推行素质教育，但学生面临的仍是“一考定终生”的教育考试制度。高考依然是一座“独木桥”，分数还是唯一的通行证。因此，虽然教育部大力扶持素质教育，举办各类教学比赛，但现实中绝大多数学生接受的依然是传统的教学方法。

很明显，这位教师对如何“把课堂还给学生”有着非常透彻的认识。他把叶圣陶先生文章中的关联词删去，又加入另一篇文章，将整篇顺序打乱，让学生自己分析后排序，不仅让学生对课文充满兴趣，而且训练了学生的批判思维，让学生在探索中学会了分工合作，学会了分析赏鉴。课堂上学生真正成了主角。

有的人也许会说，这样上课教师的作用又在哪里呢？事实上，教师在这里发挥的是引领作用。教师要将学生的观点引到正轨，确保讨论一直朝着有意义的方向发展。如此授课也是对教师的一种挑战。没有了照本宣科的捷径，课堂上将产生更多的不确定性，这需要教师拥有教学智慧。

互相交流提升思想，不断学习增长智慧。新的教学方式在不断出现，如何让教师敢于创新，重视素质教育呢？我认为，最关键的还是要改革制度，将一考变为多考，多给学生几次机会，同时协调教育资源，促进教育公平。

课堂是时候回到它原本的样子了：让学生自主思考，乐于思考；让教师教书育人，耐心引导。我相信，在各方努力下，我们的教育一定能回归本质，重振素质教育的雄风。

课堂走出去，生活带进来

我居住的小区环境优美，景色宜人，小区内有一所小学。在一个阳光灿烂的午后，这所学校的学生三五成群地在小区“玩耍”，他们有的蹲在地上，认真观察地上的小草、小花、小蚂蚁；有的和小狗、小猫亲密接触；有的为满树的桃花拍照；还有的嘟着嘴和树上的小鸟和鸣……我很好奇，就问其中的一名学生他们怎么不在教室上课而在这里四处游玩，学生回答说，是老师带他们来这里寻觅春天的踪迹的，准备写一篇“春天来了”的主题作文。

很好的创意！我不禁暗自为这位教师点赞。于是，我决定认真“看”完这节课。小区里老年人的安详和孩子们的活泼相映成趣，构成了春日里最美的景色。这是我始料未及的，也使我非常惊喜和感动。

采风结束，学生们怀着激动的心情回到教室，我也悄悄跟着他们来到教室外一探究竟。我看到有很多学生走上了讲台，争先恐后地展示自己的成果，可谓百花齐放，应有尽有。学生们独特的观察视角、高超的摄影技术、流畅的讲解语言，真是大大超出了我的想象。

在学生展示完毕后，教师开始引导学生：“作文就是把你看到的、听到的、想到的围绕一个中心写下来。现在大家还觉得写作文困难吗?”学生异口同声地说“不难”。不一会儿，写作开始，不闻唉声叹气，只有沙沙的写字声。我想此时学生定是文思泉涌、妙笔生花。

【评析】 叶圣陶先生曾说过：“生活如源泉，文章如溪流，泉源丰盈，溪流自然活泼地昼夜不息。”写作来源于生活。“我手写我心”的前提是心中有物。“春天来了”的主题作文看上去有话可说，但是真的下笔我们能写些什么呢？作为教师，教导学生写作，首先要避免学生“无话可说”“记流水账”的问题。若说内容是文章的躯体，那么感情就是文章的灵魂。学生只有真正地体验了生活，才能有话可写、有情可抒。

“纸上得来终觉浅，绝知此事要躬行。”教师让学生走出教室观察春天，看似简单的行为，实则有着丰富的意义。学生在课堂外真实地体验春天，观察的东西不同，对春天也会形成不同的认知、不同的情感，笔下的“春天”就不会千篇一律，而会变得丰富多彩。学生走上讲台，用自己的方式将“春天”展示出来，不仅使课堂变得生动有趣，而且充分锻炼了学生的表达能力。这是一节有智慧的实践课该有的优点。这种“走出去”的教学形式以实践为主，是教学生“怎样学”，而不是一味地教学生“学什么”，值得广大教师学习。

第3节 教育的艺术

人的成长过程都有一定的规律可循，教育也一样。

要遵循教育规律，首要的是遵循学生的成长规律和认知规律，否则会事倍功半。比如，一些家长让孩子过多地参加各种兴趣班、提前上高年级的课，开始感觉也许还不错，时间长了效果并不好。提前上高年级的课，或者在校外补习学校还没有讲授的课程和知识，看似可以让孩子在正式学这些知识时事半功倍，但当教师讲到这些知识时，有的学生认为已经学过，就不会专心听讲了，反而会影响学习习惯的培养。时间一长，成绩还是还原了。这就警醒我们，教育学生时一定要遵循其生长规律和认知规律，不是讲得多、做得多，学生就能学好。

教育规律的核心是讲究方法和效益，即用什么样的方法教，教多少内容合适，如何让学生感知、领悟，当学生出错时如何矫正。学习好与学习时间长短、做题多少不一定成正比，学习好与方法是成正比的。学生正处于爱玩的年龄，该玩的时候就要让他们痛痛快快地玩，教师和家长要保持平和的心态。

教育心理学一般认为，孩子在成长过程中要经历两个重要的叛逆期，分别是3岁左右和12岁左右。叛逆期孩子的突出表现，就是对父母甚至对社会和周围的一切事物都有抵触情绪、反抗行为。许多父母在孩子经历叛逆期时常常手足无措。其实，孩子的生理和心理发展都是有连续性的，不是孩子变了，是孩子有了更强烈的体现自我的心理需求，而当外界包括父母、亲人、朋友、教师等无法满足孩子的心理需求时，孩子内心就会产生抵触情绪，在行为上表现为反抗或者对立。

不要把孩子当成第三组小白鼠

——素质教育的导向

美国一个实验室做过一个小白鼠的实验，研究者把小白鼠分为三组。

第一组：生活环境很宽松，符合生长规律，可以自由活动。

第二组：仅满足吃的需求。

第三组：想吃时不让吃，想睡时不让睡，专门违背其生长规律。

几个月后，研究者解剖小白鼠的大脑，发现第三组小白鼠大脑的损伤程度最大。

这个实验说明，教育的基本常识之一，就是要遵循学生的身心发展规律，在学生不同的成长阶段，创设适合学生的、有利于学生成长的环境和氛围，帮助学生自主成长。

【评析】 中国学生最累的是高中那三年，看看我们如今重点大学的学生，有几个没经历过“第三组小白鼠”那样的日子呢？

想想我们的18岁是怎么渡过的：背书，刷题，吃饭的时候都要看着课本，不坚持到睁不开眼是“舍不得”上床睡觉的。累吗？太累了，但又很无奈。

但这并不是个体所能解决的问题。重点大学谁都想读，但名额有限，你不拼命如何争得过别人？你进不了重点大学，找份好工作就比较难，想过好生活就需要付出更多的努力。所以，社会才是那个掌握小白鼠生存条件的研究者，社会不改变，学生就只能做研究者手中的小白鼠，素质教育也就谈不上实施了。哪个家长不心疼孩子？但为了孩子的未来，家长也只能无奈地接受。为了生存，都得拼命。这怪不了谁，也解决不了，只能在漫长时光中一点点适应这种教育环境。教育不是孤立的事业，不是局部改革就能解决的，它是与国情紧密联系在一起的。

我们还需要很长的时间，努力探索更好的教育，持续不断地为之努力，所有人都要在各行各业、各自的工作岗位上努力进步，努力探索更好的教育，只为了我们的孩子有一天不必再做第三组小白鼠。

光有鱼竿是没用的

——知识与方法同样重要

有个老人在河边钓鱼，一个小孩走过去静静地看着。老人钓鱼技巧纯熟，没多久就钓了满满一篓鱼。

老人见小孩很可爱，想把整篓鱼都送给他。结果小孩摇摇头，说:“我不要。”

老人没想到小孩会拒绝，便惊奇地问他：“你为什么不要呢？难道你不爱吃鱼吗?”

小孩回答：“我想要你手中的鱼竿。”

老人问：“你要鱼竿做什么?”

小孩说：“这篓鱼过不了多久就会被吃完，要是我有鱼竿，就可以自己钓鱼了，那样我就可以有吃不完的鱼。”

【评析】 坦白讲，这个故事中的小孩确实很聪明，小小年纪就能用长远的眼光看问题，但是他对问题的认识还是不够全面。比如，光有鱼竿而没有钓鱼技巧又如何能钓到鱼？所以这个孩子还要掌握钓鱼的技巧。要想让这个孩子有更大的可塑性，就需要来自家庭、学校、社会的教育和培养。

在这个过程中，最重要的就是教给他学习的能力，也就是真正的“授之以渔”。在学习新事物的过程中，方法、工具缺一不可。有鱼竿固然重要，但有钓鱼的技巧同样重要，否则，就算有了最好的鱼竿也钓不上鱼来。

这正如现在很多偏远山区的孩子都不能享受好的教育一样，偏远山区教学设备与设施都很不完备，即使有不少优秀教师去支教，也无法改变山区孩子受教育水平差的现状，他们学到的知识相比那些经济发达地区的孩子还是差了很多。要缩小这一差距，需要全面考虑山区教育的现状及问题，提高山区的教育质量。

授之以鱼，不如授之以渔，只有这样才能培养出有知识、有能力、有思想的创新人才。

对学生能统一要求吗?

2013 年 1 月 23 日的《中国教师报》中有一篇文章——《“教育狂人”的逐日梦》，文中有这么一段话：“早在 2000 多年前，先贤孔子就喊出了教育的两大目标：‘有教无类’‘因材施教’。然而不知从什么时候开始，学生原本鲜活多彩的生命，就像批量化生产的产品一样，肆意地被克隆着，‘自我’被剥夺，‘情感’与‘认知’被丢弃到轰鸣着的碾轧机下。于是，这批‘产品’被加工成没有创造力、没有想象力、没有思辨力，甚至没有伦理道德只会呼吸的‘活物’。何至于此？只为了‘优秀车间’的荣誉称号，大量与模具规格不一样的‘材料’，或者‘削足适履’，或者被无情地抛弃掉。”这段话值得我们深思。

作为教师，我们应该深刻地反省自己的教学工作：是否抱怨过班里的那几个后进生影响了你的教学成绩？是否抱怨过课堂上有些学生的表现不合你意，总和你“唱反调”？是否对所有的学生都有统一的要求、一样的期望？是否给所有的学生布置过相同的作业，而不管他们的能力差别？是否对那些“与众不同”的学生“另眼相看”？……

苏霍姆林斯基说：“学习上的成就这个概念本身就是一种相对的东西：对一个学生来说，‘五分’是成就的标志，而对另一个学生来说，‘三分’就是了不起的成就。”

【评析】 每个人生来就是不同的，所擅长的方面自然也不同，用同样的方式方法对待不一样的学生，这种做法本身就是错误的。教师是学生专业知识的传授者，更是学生人生发展的奠基者和引路人，在重视传授学生专业知识的同时，也不能忽略学生的个人成长。

一个教师一生中会教导无数学生，不可能所有的学生都品学兼优，普通学生总是会比优秀学生多，但教师能因为这些学生的成绩一般而不关注他们甚至放弃他们吗？当然不能。每个人都会有自己擅长的方面，作为教师，就是要引导学生去发现、去探索、去找到自己适合做、擅长做的事。教师对学生主要起引导作用，但不能决定学生的发展，也不能盲目地依据考试成绩给学生下评语。每个人都有无限的可能，思考怎样挖掘学生的潜力才是教师该做的。

社会的发展需要年轻人，祖国的未来在他们手中。这里的年轻人指有想法、有追求、有理想、有目标的学生，而非社会的“复制品”。作为教师，即使在看重分数、看重升学率的教学压力下，也要努力去发掘学生身上的闪光点，引导学生张扬个性，从而培养出适应社会发展的个性人才。

我们需要等等孩子

教育是一种慢的艺术。佐藤学在谈到教育变革时这样写道："它决非是一场一蹴而就的革命。因为教育实践是一种文化，而文化变革越是缓慢，才越能得到确实的成果。"

马小平老师讲授《孔乙己》时，引导学生关注在一旁冷冷讲述故事的那个年仅12岁的小伙计："掌柜是一副凶脸孔，主顾也没有好声气，教人活泼不得；只有孔乙已到店，才可以笑几声……""我想，讨饭一样的人，也配考我么？便回过脸去，不再理会。""我温了酒，端出去，放在门槛上。"……小伙计贯穿文章始终，既是旁观者，又是参与者，以喜写悲，使悲更悲，马老师站在讲台上深深叹了口气："他还只是个孩子，却与成人的视角没有什么不同。失去了天性的悲悯，真是悲哀。"

【评析】 一个人，在其人生不同阶段，无论是生理还是心理，都有其不同阶段的各种特性。生理层面的各项机能是具体可感的，如婴孩习步学语需循序渐进，我们不会要求6个月大的婴孩跳跃，7个月大的婴孩单脚站立，我们只会给予他们全方面的帮助，耐心等待他们的成长。心理层面的递变则是难以通过量化得出的，且心理层面的各个方面受到的关注度也迥然不同。部分家长与教师仅仅通过阶段性学习的成绩评估、考量孩子心理层面的智力，以极不科学的方式给孩子贴上各类标签，这样的做法是对孩子的不负责。孩子不是流水线上的产品，他们的成长不应该被既定的种种模具所固化，不应该在匆匆打磨后被送上竞争残酷的市场去售卖。

每个孩子都是一个独立且充满无限可能性的"天使"。教育的目的不是将"天使"打造成千篇一律的所谓"天才"，而是给予每个无邪的"天使"以多样发展的舞台空间。

对于孩子的成长，我们不能有硬性的甚至趋于病态的标准。对于孩子所表现出的天真与无知，我们需视为正常状态，而不能以“大人世界”的法则要求他们。有些孩子天性比较内向，有些孩子天性比较活泼，这些都是上帝多样性创作的结果。我们在喜得他们的同时，都应在内心提醒自己：切勿任意涂黑一张白纸，为他们多加一些五彩的颜料吧。

做怎样的教师?

孔子门下弟子三千，贤者七十有二，遍布列国。孔子何以能让弟子们始终跟随于他，这个问题很值得研究探讨。

是孔子喜欢当好好先生，只会给弟子戴高帽、哄他们高兴吗？不是的。读《论语》可知，孔子表扬多而批评少的学生只有颜回一个。

是孔子有权有势，可以让弟子依傍于他吗？也不是。他的官运尚且不亨通，弟子跟着他只有四处碰壁，厄运连连。

孔子有思想，有见识，有真才实学，有人格魅力，这才是弟子们能始终跟随于他的重要原因，因为跟着他，能够学有所得。

孔子之所以值得我们学习，不仅因为他有我们没有的东西，更因为他的精神可以成为我们中国教师的“根”。教师以他的精神为“根”，不仅可以让自己的日常“做人”有一个中心，而且能给学生带去文化或精神上的熏陶，使学生将来无论做什么都有源自中国文化的“根”。

孔子对教学及学生的忘我大爱，是我们没有的；在穷困潦倒的日子里，他对教育执着的爱，是我们没有的。也许我们没有办法超越孔子，可是我们可以以孔子为师，在教学工作中学得新知识、新方法，帮助学生取得进步，从而让自己活得更充实、活得更实在！这种为人师的快乐，往往能使我们克服物质生活上的不足，令我们更加爱学生、爱教育。

【评析】 也许孔子对教育、对学生的这种大爱，我们一时半会儿还不能完全承袭，但始终关爱每一个学生是我们能做到的。无论是那些聪明活泼、讨人喜欢的学生，还是那些调皮顽劣的学生，都需要我们的关注与关爱。

我教过一个男孩，他十分内向，不愿与其他同学交流。每当其他同学出去玩耍时，他总是自己坐在教室里发呆。看他这个样子，我心里很不是滋味。因此，课上我总会留心他的一举一动，只要发现他的闪光点就立刻表扬。此外，我还让他举班牌，给他读一些励志故事。渐渐地，他喜欢和我说话了，脸上的笑容也多了。当他也能站在讲台上绘声绘色地讲故事甚至很自信地参加讲故事比赛时，我知道他已经打开了自己的心扉……

虽然我们不能像孔子那样，使自己的教学方法和教学思想在几千年后仍然成为教师们学习的准则，也提不出“因材施教”“有教无类”“教学相长”“温故知新”等教育理念，但我相信，我们与孔子有一点始终是相同的，那就是当我们从事教师这份职业时，内心已饱含着虔诚、炽烈、隽永的“教学之恋”。因为爱教育，所以爱学生；因为爱学生，所以更爱教育。

实践中，教师的爱容易出现三个偏差，因此，在我们爱学生时，应注意方式方法。

其一，同情不是爱。教师的同情往往会让敏感的学生更加自卑，缺乏信心，这种“爱”不可取。

其二，“过度保护”不是爱。过度的保护会让学生脱离群体，倍感压抑。

其三，“恨之切”不是爱。“恨铁不成钢”地屡屡对学生表达失望的情绪，会让学生感受不到成功的喜悦，见不到阳光，这种“爱”不可取。

提升篇

与教育相关的最核心的要素包括教育者、受教育者、教育内容、教育方法、学习方法等。教师、家长作为教育者，在教育过程中起主导作用。时代在进步，教育在发展，这自然对教育者提出了更高的要求。教师、家长该如何对自己的角色进行定位？如何处理与受教育者的关系？如何提升自己？如何在教育中发挥自己的作用？这些都是摆在教师和家长面前的现实问题。

教育是慢工出细活，急不得。教育要伴随着孩子的生命成长进行，家长要有耐心。对孩子的教育，如同陪孩子学走路一样，要从扶着走到牵着走，从牵着走到放手看着孩子走，一步一步，陪伴孩子。目前家长对教育的外在环境关注较多，认为孩子进好学校、进好班、有好老师就会成为好学生。其实，好学校、好班级、好老师对孩子成为好学生有一定的影响和帮助，但并不是全部。孩子更需要的是适合他自身的教育。

教师和家长既然是在实施教育，就要关注孩子的情感和学习状况，多与他们沟通交流，多换位思考，理解他们成长中的烦恼。

第 1 节 角色定位

如何定位自己的角色？这是教师、家长需要考虑的问题。

教师是学习的先行者，加之有教育学、心理学知识支撑，对学习的理解和感悟会比学生更丰富，所以，传授学生知识是教师的主要任务。但随着社会的发展，学生可以通过书籍、网络、电视等渠道满足学习的需要，因此教师的角色也随之发生了变化。教师不再是单一的知识传授者，而成了学生学习经验的示范者，学习知识的传授者、引导者，学习活动的组织者、合作者、指导者。

家长作为孩子的第一任老师，如果仅靠父母的权威对他们实施教育，是难以达到预期效果的。家长对孩子而言，应是孩子生活的帮助者、做人的引导者、学习的合作者。当孩子犯错时，家长应及时帮助其改正。孩子愿意与家长沟通，家长对孩子的教育就不会失败；孩子不愿意与家长沟通，家长就要深刻反思自己教育孩子的问题了。

耿老师，耿妈妈

——做一个心中有爱的教师

耿老师是一名高中历史教师，30多岁，性格开朗，为人随和。因为所学专业不是历史，初教历史时，她要一遍遍地听其他教师上课，一遍遍地改教案。因缺乏系统的历史知识学习，最初她的教学成效与科班出身的教师相比有不小的差距，但奇怪的是，随着时间的推移，她的教学成绩后来一直在年级名列前茅。

很多人不明白，为什么一个专业知识不对口的教师，教学成绩这么好？她是怎么做到的？

经过一番了解，大家恍然大悟。

“一次运动会，比赛结束后，耿老师为每位参赛的同学买水，她是真心对我们好，就像我们的妈妈一样，付出不求任何回报。”

“耿妈妈十分细心，每次有同学生病，她总是很着急，急切地询问病情，病情严重的，她还会亲自带其去就医。”

“耿妈妈还特别会鼓励人。有一次，耿妈妈叫我回答问题，我的胆子小，所以站起来回答问题时声音很小，我觉得自己每读一个字心都会抖一下，读完后，自己都觉得不满意，心想这回肯定会被老师狠狠地批评，结果耿妈妈却和蔼地对我说：‘没事，下次多多努力，相信你一定会比这次有进步的。’”

“看到我们正在与高考题‘决一死战’，耿妈妈把从家里带来的肉饼分给我们吃，并鼓励我们要不怕困难，坚持到底。这可让我们班的许多‘大胃王’开心了，填饱了肚子，大家又恢复了体力，继续参与到与高考题的‘搏杀’中。”

“无论我们走多远，我们永远有一个家，就是10班；永远有一个好妈妈，就是我们的耿老师。”

……

这些都是学生对耿老师的赞语。

【评析】 教师是每个人成长过程中都会接触到的一个重要角色，教师也因此成为所有行业中最受重视的一个职业。古今中外，教师在人们心中的地位异常崇高，对学生的成长也至关重要。我一直认为，做一名教师是非常自豪的一件事。除了“传道受业解惑”，教师还能以自身的一言一行来影响学生，而这就需要教师有“爱的自觉”意识。

何谓“爱的自觉”？作为一名教师，不仅要有良好的专业素养，更要有一颗爱事业、爱学生的热忱之心。故事中的耿老师之所以深受学生的尊敬和热爱，就是因为她有这样的热忱之心并付诸行动。她就像学生们共同的妈妈，不仅在学业上予以学生关注，在生活上更是予以学生无微不至的照顾。“无论我们走多远，我们永远有一个家，就是10班；永远有一个好妈妈，就是我们的耿老师。”我相信，这句话就是对耿老师最大的褒扬。

反观现实社会，教师行业似乎显露着危机。大部分教师难以像耿老师这样对学生给予全面的关照，甚至教师虐待学生等严重丧失师德的行为也屡见报端。而耿老师的案例对我们具有很好的教育示范作用。

古语有言：天地君亲师。这是对教师价值的充分肯定和对教师地位的充分认可，也是给从事教师行业的人以鞭策，使其永不忘自己肩上的使命和职责。其实做一名好教师并不难，能像耿老师一样，将爱倾注于学生，认真负责地履行自己的教师职责，便会获得学生和社会的认可。

心中有爱，万事皆成。教育亦如此。

每个教师都应当怀揣着爱，真心待学生。这样，所有的教育都会深入人心，绽放光辉，温暖学生。

走进小北的心灵

——关注学生的心灵世界

小北是一个阳光帅气的男孩，我从未见过他不开心的时候。这样一个学生，却因为暑期打工被骗而自杀未遂。我至今仍记得孩子父亲憔悴的脸庞，能想象到这位父亲所承受的压力，以及对孩子的担心及无助。我一直在思考，该如何帮助小北回到最初阳光快乐的样子呢？回家后，我查阅了大量有关抑郁的文章。

暑假结束返校，看着小北消瘦的脸庞、躲闪的眼神、紧张的神情，我知道需要让他安静下来。我和他聊起了家常，说起了我曾遭遇的挫折，慢慢地，我发现他安静了下来。他开始诉说他的心路历程。原来那次“打工事件”只是一个导火索，其实他早已对社会的种种现象不满，对朋友的不忠感到失望。听着他的诉说，我感受到这是一个渴望社会和谐、渴望拥有纯真友谊的善良的孩子；这是一个受了惊吓、不知所措的迷茫的孩子；这是一个渴望帮助、走不出阴霾的无助的孩子。看着他泪水在眼眶里打转却努力克制的痛苦表情，我的心里也很难受。我轻轻地拍了拍他的肩，等他平静下来，说：“说出来，好点了吗？”他腼腆地笑了笑，轻声说：“好多了！”

接下来的每天我都默默地关注着他的言行，并且和他约定，如果以后遇到什么想不开的事情就来找我，我永远是他坚强的后盾。就这样，日子在我对小北一天一天的关注和不放心中溜走了。

三个月之后，小北由被动回答我不间断的关心询问，到慢慢主动和我闲聊，由时时保持沉默到开始和班上同学有说有笑，我知道，他开始慢慢从阴影中走出来了，开始敞开心扉去接纳别人、关心别人了。我悬着的心终于放下了些许。

有什么比拯救一个孩子的心灵更让人骄傲的事情呢？有什么比看着自己的学生身心健康地成长更令人自豪的事情呢？

【评析】 教育意为教书育人。教书便是“传道受业解惑”，即培养学识、锻炼思维；育人则是指引、帮助学生成长和发展。“十年树木，百年树人”，育人这一过程的艰辛和漫长可想而知。学生在成长过程中难免因周围人事变迁的冲击而迷茫、无助，甚至抑郁自杀，教师此时的作用和影响就显得尤为重要。

教师讲的最多的是知识，然而影响学生人生发展最重要的却是无意识的“心灵鸡汤”。这种无意识的“心灵鸡汤”既有对学生未来的希冀，也有对学生的激励、鼓舞。失意、彷徨时，“心灵鸡汤”可以告诉学生这是人生常态，从而帮助学生逃离痛苦的旋涡。

教师讲的知识有朝一日会有相当一部分被忘记，但那些“心灵鸡汤”却能实实在在地刻在学生成长的印迹中，渗入学生灵魂的深处。

小A不再打人了

——掌握正确的教育方法

学生小A喜欢打人，开学时间不长，他几乎打遍了班里的所有学生，学生频频告状，家长们的意见也极大。为了使他改掉这一坏习惯，我用尽办法，但效果并不明显。

班里要进行班干部竞选，出人意料的是，小A竟然要竞选语文课代表。开始我并不相信也不愿意，但语文老师说他语文学得很好，是班里的“识字大王”，应该参加竞选。我不禁改变了对小A的印象，心想这也许会成为他行为改变的一个契机。于是我与小A进行了一次深谈，从他的愿望谈到他自身的优缺点，我还鼓励他准备好竞选发言，尽自己最大的努力赢得同学们的支持。在这次谈话中，我没有谈及他以往的不良表现，而是表现得对他充满信心。他回家后认真地准备了一份发言稿，并在竞选当天流利而自信地进行了发言。小A的举动不但令我刮目相看，也赢得了全班同学的掌声，大家一致决定给他一次机会，几乎全班都给他投了赞成票。之后，小A的变化非常大，不但改掉了原来的坏习惯，还积极帮助同学，最后当上了班里的军体委员。

【评析】 托尔斯泰在《安娜·卡列尼娜》里写道：“改过迁善从不嫌迟。”文中的教师在了解到小A打人这一坏毛病后立马煞费苦心地想尽办法去帮助他，但总不见效果，可见是没有找到解决问题的正确方法。正所谓“小疵不足以损大器，短疢不足以累长才”。小A虽然有打人的坏毛病，但也有他的优点，如他语文成绩好，有上进心。这时教师找到了教育他的方法，因势利导，给予他信任，给予他鼓励，而不是打击他、批评他的不足。这使得小A充满了自信，并且获得了同学们的谅解，赞成他担任语文课代表一职。小A也因此有了更大的进步。

“教师是人类灵魂的工程师。”在我们国家，当学生犯错时，教师往往会直接指出，甚至加以严厉的批评，不仅使学生受挫，也没有从根本上解决问题。语言的力量是超乎我们想象的，教师只有用心与学生沟通、交流，理解学生，才能与学生建立亲密的师生关系，也才能真正帮助学生。

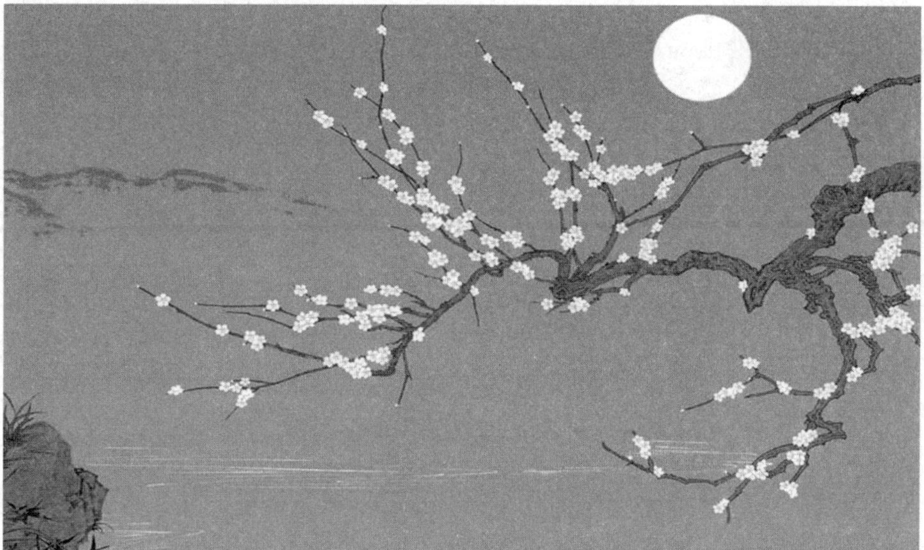

自命不凡的小峰懂得虚心了

——如何正确对待学优生

经常听教师抱怨："我班×××仗着成绩好，谁的话也不听。现在的孩子呀，太不谦虚了。""×××上课真气人，让他做练习，他说他都会了，在那里画漫画。""×××上次考试成绩不是很好，我稍微批评了他两句，就和我翻脸了。"……对于很多教师来说，后进生可以随意批评两句，而对一些学优生打也打不得，骂也骂不得，就得天天哄着，管理起来很棘手。怎么办？

我曾教过一名学生，他叫小峰，成绩很好，各科教师也很喜欢他。慢慢地，他就有些飘飘然了。确实，他很有潜力，一位老教师甚至公开说："小峰将来考清华大学、北京大学都没问题。"教师们的盛赞让小峰更加找不到方向了，在学习、生活中慢慢变得刚愎自用起来，也看不起同学们。

小峰越来越自傲，这样下去可不行。因此，我决定在我的课堂上对他区别对待，在作业和考试上对他提高标准，课堂提问时，对一般同学只问"是什么"，对他则追问"为什么"。我想通过这些细节让他明白学习永无止境，只有怀着"百尺竿头，更进一步"的心态才会有较大的发展。

有一次，学校组织文学常识竞赛，他觉得这是他的强项，代表班里参赛的人，非他莫属。但我偏偏让班级第二的学生代表班里参加了比赛。他认为我故意针对他，就私下和同学说："等结果出来老师就该后悔了！"其实班级第二的学生也很优秀，只不过平时被小峰掩盖了光芒。比赛结果出来，我们班得了全校第一名。我用事实告诉小峰：别人当主角，同样演得好。

但是，我又不能完全打击小峰的自信心，怕他泄气，反而违背我的初衷。所以，在接下来的作文比赛中，我找到了他，让他代表班级参加全校的比赛，如果在校级比赛中脱颖而出，还要参加市级比赛。我对他说："你思路清晰，写东西有深度和新意，这次你要好好准备。"刚开始小峰还有些扭捏，觉得我不喜欢他，可能不是真心想让他参加比赛。我和他开诚布公地说："老师不是不喜欢你，是怕你被赞扬冲昏了头脑。你看，麦田里那些颗粒饱满的麦穗都是沉甸甸低着头的，只有那些麦壳空空的麦穗才高高扬着头。你想做什么样的麦穗？"小峰听我说完，脸红了，说："老师，我知道以后该怎么做了，谢谢您！"

后来，小峰不仅在学习上变得虚心起来，在人际交往上也变得随和了，成绩也保持得很好，后来考上了省城的重点高中。

【评析】 像小峰这样的学生，若单从学习来看，成绩优异、潜力无限，称得上优秀。可是在心理上，小峰还没有达到优秀的水平。一个真正优秀的学生，不仅要学习上优秀，在思想品德、心理等方面也要优秀。

作为教师，在教学中，既要关注学生的学习成绩，也要关注学生的心理健康和品德培养。发现问题并帮助学生解决，引导其调整好心态。

最好的教育是教学相长的，教学的双方都很重要，二者是平等的，要在相互尊重的基础上开展交流，培养和谐的师生关系。教师可以挖掘学生的潜力，也可以在帮助学生的过程中对教育产生自己的思考；而学生多与教师交流，不仅可以精进学业，还可以汲取为人处世的经验，这才称得上是最好的教育。

从“特殊男生”到“优秀员工”

——“问题学生”没问题

某学校有一个特殊的男生，他的父母常年在外工作，他从小在姥姥身边长大。他本性善良，待人有礼貌，善解人意，能站在对方的立场上想问题；可他又是孤独、敏感的。据教师了解，他在初中时曾遭受过校园欺凌，内心受到了严重伤害。那之后，他很难和同学好好相处，有时会很长一段时间处于压抑状态，不说话，上课就睡，有一点儿小矛盾就会和同学吵起来，行为很偏激。在多方了解之后，教师便每周利用周末和他谈心、交流、沟通感情。这样坚持了整整一年，办公室、篮球场，甚至某个饭店都留下了师生促膝长谈的身影……

由于高三学业压力的增大，人际关系的紧张，这个男生开始抑郁、焦躁不安，甚至产生了自杀的念头，严重时需要药物介入。教师不愿意看到这个男生放弃对生活的希望，于是想了很多办法帮助他。为了让他融入集体，教师特意安排了几个开朗乐观、乐于助人的学生多与他接触，多和他交流；为了给他减压，周末教师带着几个学生和他一起去爬山，让他在山顶上喊出心中淤积的闷气；教师还利用 QQ、周记、小纸条跟他聊天，随时掌握他的思想动态……功夫不负有心人。慢慢地，这个男生终于敞开了心扉，脸上开始有了笑容，教师终于松了一口气。6 月，他走入高考考场，并考上了大学。两年来的关心与帮助，让他对教师产生了依赖。当他在大学里遇到问题时，依然会向这位教师求助，而这位教师每次都会伸出援助之手，随时为他提供解答和帮助。让人倍感欣慰的是，现在这个男生已经顺利参加工作，并成为公司的优秀员工。他到现在依然和这位教师保持着联系。

【评析】 《师说》中说：“师者，所以传道受业解惑也。”但于我看来，师者的伟大之处不只在于知识的传递，更在于对学生品格的塑造、生命的关怀。教师说过的一些话、做过的一些事都会塑造并影响学生的品格与价值观，所以在学生的成长之途上教师所担当的更重要的角色莫过于人生航船的摆渡人。文中的这个男生本性善良、善解人意，却因遭受校园欺凌品性大变，孤独、抑郁、自卑如黄昏落幕前那最后一丝扑向大地的光，阴冷暗淡地向他袭来，使他不肯向任何人敞开心扉，逐渐封闭了自己的心灵，将自己困在痛苦的沼泽中越陷越深。当教师了解到他的这段痛苦的经历后，用自己的关怀与热情无微不至地照顾他，一点点融化他心头的坚冰，如一抹带着晨曦微光的朝阳驱散了他心头挥之不去的阴霾。

为人师者的崇高之处在于能给予学生心灵的呵护，能让学生面对苦难时不退缩，身陷阴影时仍保持微笑，站在人生之巅时仍然能严格要求自己，保持正直善良的品格。

“我要是考不好就对不起父母和老师”

——被“爱”所困的女孩

曾经教过的一名学生让我至今难忘。她活泼开朗，乐于助人，做事认真负责、精益求精，所有教师都很喜欢她。一次月考前，我明显感觉她学习不在状态，虽然表面上看不出有任何异样，依然欢笑，但我总感觉她内心不快乐，甚至有点压抑。

一天晚上十点多钟，她给我打来了电话诉说她的压力与焦虑。她觉得父母和老师对她寄予厚望，如果考试考不好就对不起父母和老师，所以她很怕这次月考考不好。她强颜欢笑是不想影响同学们的情绪，不想影响班级即将打响的月考战，因为她是班级的“主心骨”。在她诉说自己内心的焦虑时，我安静地充当着倾听者，让她把心中的压抑情绪尽情地宣泄出来。最后，我向她表明了我的态度：“尽自己最大的努力做就好，万一考砸了也没有人会责怪你，好好发挥就行！”

【评析】 这个优秀的女孩，其实畏惧的是考试结果，而非考试本身。深究其畏惧的原因可以发现，这种压力其实是日常生活中她感受到的、逐渐积累起来的期望与关爱导致的。她对周围人的关爱很敏感，她懂得感恩，同时渴望回报这些爱；但她暂时还未掌握将关爱转化为前进的动力的方法，于是她陷入压力和焦虑之中。

生而为人，每个人注定将嵌入社会之网，但凡尘之事种种，终逃不过一个“情”字。这种“情”，既可以是爱情，也可以是亲情、友情、同窗情、师生情……每一种情都值得感恩与守护。这个女孩，在感恩的思想层面，自然无可挑剔，但对“情”的过于敏感和负重，让她产生了惶恐和愧疚感，而她觉得只有取得优异的成绩才是她回报这些“情”的唯一方法。当只有一种方法时，此方法实施的成功与否对她来说就显得极为重要，于是就会出现压力倍增、引起焦虑的情况。一旦以优异成绩回报“情”的这种方法失败，她的愧疚感就会加深，从而形成恶性循环。

这种心理在青春期的孩子中是极为普遍的，需要教师以合适的方法加以疏解。上述师生对话的实质是感恩者与被感恩者的心灵之交，这种心灵之交让女孩首先感受到自己的感恩之心是被理解的，进而产生了前进的动力，让她不再畏于未知的恐惧。

木心先生曾言：“爱，原来是一场自我教育。”故事中的女孩起初又何尝不是囿于“爱”呢？人们在感受青春里的“爱”时，由于荷尔蒙的左右，可能无法完全“自我教育”，但所有的爱，经过启发与自我调整，都可以转变为前进的动力。教师的启迪、女孩的聪颖，共同缔造了这个美好的结局。

后进生更需要优秀教师的关爱

语文特级教师李镇西曾发问："为什么一流医院收治的是最难治的病人，而一流中学招收的却是最好教的学生？"

难道名校和名教师的价值和尊严就是靠教"好教"的学生体现出来的？

我曾经遇到过这样一位年轻的教师——杨老师。

杨老师刚刚接手一个班时，班里有个调皮的男生叫成才，从这个名字就能看出父母对孩子的厚望。但成才在班上开始一段时间的表现与名字的寓意相去甚远。父母离婚之后，成才随母亲改嫁，继父不管他，母亲管不了他。成才总是在课堂上调皮捣蛋，说笑打闹都不算什么，有时还偷偷离开座位，学青蛙蹦到女生面前，吓人家一大跳。教师们多次找他谈心，没有任何成效，后来，各科教师上课时，只好把他"请"出去。

但就是这样一个学生，在班里的人缘竟然还挺好，这让杨老师感到很诧异。通过询问班里其他同学，杨老师对成才有了新的认识。原来，成才很讲义气，直爽，做事光明磊落、认真负责。仔细斟酌之后，杨老师决定对成才委以重任——让他照看第三节晚自习。不出所料，成才在惊愕之余觉得不能辜负老师的信任和支持。起初，杨老师还有点不放心，暗中观察他的表现，结果晚自习课在他的照看下非常安静。而且杨老师发现，成才管理调皮学生很有一套，可能这就是所谓的知己知彼吧，几个调皮学生在成才面前也都老老实实的。第二天，杨老师当着全班学生的面表扬了成才，并传达了年级处老师的评价："晚自习时，咱们班是全校最安静的班级。"大家为此纷纷给予成才热烈的掌声。

随着时间的推移，成才通过自己的努力，先后成功竞选上了军体委员、副班长、班长等职。杨老师对我说，在竞选班长时，成才痛哭流涕地说："我以前什么样子，大家都知道，所有人都放弃了我，我也只想混着过。是杨老师给了我支持和信任，让我看到了一丝希望，让我活得越来越有尊严。我这样的学生都能学好，你们还有谁不能学好呢？相信我，我肯定不会辜负杨老师的希望，也不会辜负你们的信任，我以后一定会更加严格地要求自己。"当时，台下好多学生也都感动地哭了。

后来，成才如愿当上了班长，成为杨老师的得力助手。当时他们班在同年级几个班里成绩最好，学生最团结，曾经创造了年级前 20 名他们班占 12 个的纪录。成才的成绩也越来越好，最后考上了重点大学。

【评析】 这是一个调皮捣蛋的后进生在教师的帮助下，获得自我成长并且带动整个班级进步的故事。通过这个故事，我们对优秀教师的含义又有了新的理解。

教师是否优秀，其实并不完全在于他是否有高超的教学技能，还在于他是否有一颗温暖、包容的心，而且很多时候后者其实更加重要。每一个孩子都是天使，只不过因为在世间的遭遇不一样，他们中的一些人的翅膀蒙上了尘埃，让他们没办法像其他人一样快乐地飞翔，这时，教师是不是应当及时给他们拂去尘埃，让他们重新"起飞"呢？当有的父母无法承担起教育孩子的责任时，教师是不是也能给予孩子父母般的爱与关怀呢？答案是肯定的。杨老师无疑是个内心温暖细致的女子，她没有像一般的教师那样只注意到成才的缺点，而是更多地关注到了这个孩子的认真与负责，还有他不凡的交际能力与管理能力。没有哪个孩子愿意被人否定，每个孩子都希望获得赞扬，他们只是苦于不得其法罢了。

"授之以鱼，不如授之以渔。"能够让学生热爱学习、相信自己的教师，才是我们所说的优秀教师。优秀的学生一旦掌握了主动学习的"捕鱼方法"，知识便如"鱼"，只需教师稍加引导他们便能主动、轻松地将"鱼"捕获。而对于后进生来说，他们需要的是能够引领他们走出迷茫、启迪他们心灵的优秀教师，因为这些优秀教师能帮助他们找到他们的"捕鱼之道"。

人生总会有意外的惊喜，成才能够遇到杨老师便是幸运，但并不是所有的孩子都能遇见如此优秀的教师。这便需要教育工作者们去努力，除了认真完成教学任务外，还要多关心每个孩子的成长，使每个孩子都能成为社会的“幸运儿”。

第 2 节 自我学习

要提升学生的学习水平，教师、家长也应相应地提升自己的教育水平，这需要教师和家长不断加强自我学习。教师和家长要加强沟通，了解学生的现状，帮助学生发现问题、解决问题，这一过程需要学习。在教育生活中，不仅知识需要学习，教育方法、教学技巧、沟通技巧等都需要学习。因此，教师、家长、学生都是学习者，在学习过程中实现共同成长、共同进步。

不忘初心，砥砺前行

——记深山女教师支月英

“感动中国2016年度人物”中，有一个人让我感触很深，她就是江西省宜春市奉新县澡下镇白洋教学点教师支月英。

1980年，江西省奉新县边远山村教师奇缺，当时只有19岁的支月英不顾家人反对，只身来到离家200多千米的泥洋小学，成了一名深山女教师。

学校地处江西省奉新县和靖安县两县交界的泥洋山深处，海拔近千米且交通不便。当时的江西山区生活条件异常艰苦，食品稀缺，为了生存，支月英就像当地人一样，自己动手种菜。刚参加工作时，她的工资只有几十块钱，有些孩子交不起学费，她就为学生垫付，到最后自己的生活费都不够了，还得去借。家人劝她赶紧离开那里，但她总是笑着说：“日子会好起来的！”

最初，当地老百姓都觉得她肯定不会留下来。但过了一年又一年，支月英不仅留了下来，还像对待亲人一样对待山里的孩子。后来，支月英被任命为校长，肩上的担子更重了，她既要承担教育教学任务，还要做好教学点的管理工作。

学校破烂不堪，她就自己买材料，把教室修好；学校不通车，她就和同事一起把课本、粉笔等从山下挑上来，10余千米的山路，她们走得腰酸腿疼，筋疲力尽；山里人多重男轻女，不让女孩读书，她就走村串户，与家长促膝谈心，不让一个孩子辍学在家。

冬去春来，这位外乡的女教师，以自己36年的倾心守望，成为深山里人人尊敬的人民教师。

感动中国人物评选组委会授予她的颁奖词是：你跋涉了许多路，总是围绕着大山；吃了很多苦，但给孩子们的都是甜。坚守才有希望，这是你的信念。三十六年，绚烂了两代人的童年，花白了你的麻花辫。

【评析】 韩愈曾说："师者，所以传道受业解惑也。"诚然，传授知识是教师最重要、最直接的任务，教师需要带领学生在知识的海洋遨游。可是如今时代瞬息万变，时代的发展赋予了教师这个职业更多元的内涵。一位好教师，不单要知识渊博、专业技能过硬，更要言传身教、关注学生的内心，同时要具有一种"甘当人梯与铺路石"的精神。这种大爱精神像春雨一般"随风潜入夜"，默默地滋润着学生的心灵。

"落红不是无情物，化作春泥更护花。""春蚕到死丝方尽，蜡炬成灰泪始干。"这落红、这春蚕、这蜡炬不正是人民教师无私奉献的化身吗？三尺讲台，两袖清风，是教师一生的追求。他们用实际行动谱写了大爱的华章，路有多远，他们的爱就有多绵长。

人们可曾看到偏远地区的孩子眼里燃着的对知识不灭的渴望？这渴望的实现，要靠人民教师为他们撑起梦想的翅膀，让他们凭着知识的力量走出大山，改变命运。人民教师是山区孩子梦想的守护者，为他们的成长保驾护航。

而支月英正是这样一位普通却又不平凡的人民教师。本该是做梦的年龄，她却走进深山，挑起了山区孩子教育的重担，倾洒了她对教育事业的一腔热忱。艰苦的生活条件没有让她退缩，经济上的窘境和当地人陈旧思维观念也没有使她停滞不前。相反，她在命运的考验中一次又一次地成长，怀着一颗初心，坚定、执着地砥砺前行。冬去春来，她一如既往地坚持，用瘦弱的肩膀为山区孩子们扛起了一片天。她已然不再是一位普通的教师，而是偏远山区的文化符号象征，是村民们心里不朽的精神丰碑。

长路跋涉，愿你始终有梦！

随手一扔的粉笔头

——言传身教的力量

有一位校长主持召开校务例会，例会的主题是“校园文化建设”。会上，讲到行为习惯文化时，他讲述了自己在饭馆遇到的一件事。某天午饭时间，他刚走进一家饭馆，就听见一声问候：“校长好！”问候的是一个小学生，他意识到这是自己学校的学生。虽然校长不能认识全校学生，但全校学生都认识校长。这个学生看见校长进来了，就赶紧敬礼。他当时很开心，一种被人敬重的感觉油然而生。也许出了这个饭馆校长依然会不认识这个学生，可这个学生不会考虑这些，学生只知道这是自己该尊敬的人。这位校长赶紧回应：“你好！”同时还帮学生付了账。

事情讲完，校长接着说：“其实我们在座的各位教师会遇到更多这样的事情。每天在走廊上，经常有学生礼貌地向老师问好，从办公室到教室，几米的走廊到处充满学生温馨的问候。我观察发现，我们的老师也都是微笑着一一点头回应。其实，这就是最简单的言传身教，我们对学生的回应本身就是对学生讲文明、懂礼貌的鼓励和赞许。”

看看台下颇为得意的教师们，校长话锋一转，讲起了校园里出现的另一种现象。学校要求教师每天都签到，为此专门做了一块大黑板，要求教师每次签到时写上一句名言或一句诗。刚开始大家都认真书写，字迹工整，名言和诗句也是用心选的。但慢慢地，黑板上的字迹越来越潦草，甚至有些教师在签到时拿起粉笔像画画一样画上一句，然后把粉笔头随手一扔，扭头就走，那动作“潇洒”极了。

校长语重心长地说：“也许他自己根本不知道，这样的行为会给学生带来多大的麻烦，满地的粉笔头学生都得打扫干净；而且，学生看到乱扔的粉笔头时会怎么想？我想问一下，这样的我们，如何教育学生要书写工整？如何教育学生要认真学习？如何教育学生要注意环境卫生？学生的眼睛是雪亮的，我们的一言一行都在他们的监督之中呀！”

【评析】 我们经常会看到这样一些现象：教师拿粉笔写字前经常喜欢去掉最开头的一部分；教师批改作业时打钩最后一笔有个不经意的小钩等，这些小习惯经常被学生刻意模仿。我们应该认识到，教师对学生的影响最大的不是在课堂上传授了什么知识，而是一举一动对学生人格形成的影响，这才是言传身教的意义所在。

政府如果无法很好地履行职责，就会失去社会公信力，之后无论政府提出什么利国利民的举措都会被公众所质疑，这是很可悲的。同样，教师如果把对学生的教育仅仅停留在口头上，自己却常做出与其相背的行为，那么学生就不会相信教师的教育，教师在学生中的公信力也将丧失，教师的教诲自然会被学生所不屑。在我看来，教师在教育学生之前首先要教育好自己，正所谓：己所不欲，勿施于人。教师自己首先要行得端、坐得正，才能在学生面前威信不倒。

修炼教师魅力

《中国青年报》曾刊发过一篇题为《80岁老教授为本科生坚守讲台成“网红”》的文章。

故事讲述的是陕西师范大学的章竹君教授。在学生眼中，章老师就是“一本移动的百科全书”，“他学识渊博，对分析化学领域有着深刻见解”。更难得的是，为了当好教师，章老师还下了许多苦功：他努力修正自己的“四川普通话”；为了使嗓音洪亮他专门练习过美声；为让不同专业的学生都能听懂课上的内容、学有所获，他旁征博引，从天文地理到“心灵鸡汤”，甚至还引用网络段子讲解艰涩难懂的学术问题……

陕西师范大学前校长房喻曾撰文评价：“只要他一开讲，就算学文学的，也改学化学了。”

章竹君说：“我这辈子就爱两件事——安静地教好自己的学生和做好自己的研究。”

【评析】 看完这篇文章，可以引发我们关于“一名学者与一位教师的区别”的思考。

一名学者，穷则独善其身，做好自己的研究，保持一名知识分子的冷静与操守；达则兼济天下，将满腹经纶化作一副良方，为国家的发展出一份力。而一位教师，除了自身学识要过硬之外，还要传授给学生。“师者，所以传道受业解惑也。”如果教师不能将自己渊博的学识传授给学生，那么就不能说其是一位合格的、成功的教师。章竹君教授为了能够顺利地“传授”，努力提升自己，体现了为师者的自律与自省。尤其是最后一句话，章竹君教授将学者与师长完美合一，可谓大师。

纪律散漫的班级如何管理

三年级（2）班学生纪律散漫。小吴老师中途接班后，马上进行“铁腕管理”，其强硬之风起初收到了一些效果，班级纪律有明显好转，学习氛围也有了一些改观；但小吴老师没有丝毫松懈，为了彰显班主任的威严，终日不见笑容，学生犯一点儿错都会受到严厉惩罚。就这样过了两个月，一天，小吴老师走进班里，看到黑板上画了一个很大的人，成茶壶状，旁边还写着她的名字。她当时火就窜上来了，咬牙切齿又痛心疾首地把学生教育了一通。

事后，每次谈及此事，她都很伤心，她不明白，自己为学生付出了如此多的心血，学生怎么就不理解她呢？

【评析】 小吴老师可能觉得十分委屈，但实际上她的做法的确有一些不妥之处。虽然她的出发点是为了学生好，但过于严格和强硬的作风让学生倍感压力，甚至深深伤害了学生的自尊心。

作为教师，到底应该怎样处理师生关系？究竟应该把学生摆在什么位置？在我看来，师生之间要想和睦相处最重要的就是平等和尊重，教师要把学生摆在和自己同等的位置上，不要觉得自己是高高在上的，是权威。在处理师生关系时，教师应平等、平和地与学生沟通，不要急于树立权威而否定学生的一切，应该把握好批评的“度”。对于学生做得好的地方要及时表扬赞美；在学生犯错时，要给予正确的引导，不要让他们产生巨大的压力进而对教师和教师的话产生强烈的抵触情绪。平等地对待学生、尊重学生是一个好教师应具备的品质。

当然，教育学生也不能一味表扬、赞美，该严格的时候还是应该拿出教师的威严来，只是凡事都要有个度。掌握好“师长”和“朋友”这两个角色之间的平衡，才能让学生尊敬教师，愿意听从教师的教导，从而达到最佳的教育效果。

教学的数字化

2004年，一位名叫萨尔曼·可汗的“教学天才”大学生，接到七年级表妹的求助：有几道数学难题不知如何解。他随即通过雅虎通聊天软件、互动写字板和电话帮表妹解答了所有问题。为了让表妹听明白，他尽量说得浅显易懂。

很快，其他亲戚朋友知道后也都上门讨教。一时间，他忙不过来了，索性把自己的数学辅导材料制作成视频，放到YouTube网站上，分享给更多的人，视频很快就受到了网友们的热捧，因此他创立了一家教育性非盈利组织——可汗学院。

萨尔曼·可汗是一位典型的以创造性的方式解答“难题”的“学生”。比尔·盖茨说：“他是一个先锋，他借助技术手段，帮助大众获取知识、认清自己的位置，这简直引领了一场革命！”

【评析】 数字化时代，顺则昌，逆则亡。美国引领的第三次科技革命展开后，数字化技术接踵而至，随之而来的是生活中天翻地覆的变化。无论是网络让世界联为了整体，还是数字化产品的出现丰富了人们的生活，高效率、全方位的数字时代已经到来。不可否认，传统的教学模式在几千年的中华文明中培育了一代又一代优秀人才，但若一味排斥数字化教学模式而固守传统，也是不可取的。如若这样，短期来看，学生的学习无法与时代接轨，将学生封闭在小小的书本之中，学生的眼界将变得狭隘；长期来看，如果一个民族不紧跟时代潮流，那是故步自封，又何异于闭关锁国？教育是民族的，也是世界的。而要想将教育与时代、与世界接轨，数字化教学模式必不可少。教师是学生学习生涯中的指路灯，如果教师无法在教学过程中使用数字化教学模式，那么学生也无法从中获益。当前手机、电脑普及，作为在网络环境中成长起来的新一代，学生更渴望数字化教学。教学实践中，许多教师已充分运用了数字化工具，如云课堂和慕课的使用，不仅开阔了学生的眼界，而且打破了传统教学的局限，把学生从有限的教学时间和空间中解放出来。倘若教师仍固守传统教学模式，不仅会被时代抛弃，也会在短时间内被学生超越。数字化教学势在必行，我们要好好用之，绝非阻而废之。

提升自身素养，紧跟时代脚步

陶西平先生在“2016 年高中国际教育研讨会暨中欧知名高中校长论坛”闭幕式上的讲话，重点强调了在互联网和教育结合过程中，一定要提高教师的信息素养，指出教师的信息素养是互联网和信息技术在教育领域相结合的关键。

下面是一位教师应用信息技术进行教学后的独白。

“它唤醒了我一直以来自我感觉良好的神经，让它们兴奋起来，让我感受到 20 年前我作为学生时面对全新事物、全新概念时的好奇。在课堂上应用无线网络、微信平台，使学生对知识有了进一步了解、学习、探究的欲望与冲动。在了解了信息技术发展带来的教育理念更新、教学模式变革及数字时代背景下课堂教学改革面临的巨大挑战之后，我回顾了自己应用现代信息技术进行教学的相关理念，与一些特级教师所呈现出来的教育方式进行对比，感受到了自己的渺小与无知。学习信息技术、提升自己、付诸行动真是迫在眉睫。面对盲区，最基本的做法是行动，拓展学习范围，将盲区内所有的未知变为已知，并内化成自己的东西，应用于自己的教学，丰富自己，充实自己；释放焦躁和忧虑的情绪，获得希望和方向，获得新生的力量；跟上信息技术进步的步伐，继续沉浸在做教师的幸福与快乐之中……”

【评析】 用“沧海桑田”这四个字来形容当今时代一点儿也不为过，每一分每一秒也许都会有一个新生命的诞生、一项新科技的发明……那么，作为人民教师，作为传播知识的园丁，更应与时俱进，每天都应以新的眼光去看这个世界，去积极融入这个大数据时代，提高自身的信息素养，灵活运用现代技术，尽自己最大的努力向学生展示这崭新的世界。如今，我们越来越了解到互联网与信息技术对教育发展的重要性，也认识到提高自身素养的重要性。我认为，在提高信息素养的同时，一定不能忽视自我沉淀，这是提升的关键。学无止境，虽为人师，但仍需学习，无论是从互联网上还是从传统的纸质资料上，都要始终保持一颗好奇心，对自己不熟悉之处要不断探索、反思，不断沉淀，将其转化成自己的东西，然后向学生传授。此外，创新意识也是教师提升自身素养的一个重要条件。教师应创新地利用新型教学设备，创新地提出对问题的见解，创新地改变传统的说教课堂，充分激发学生的主动性，为教育事业的发展注入活力。

多学习有好处

在一个漆黑的晚上，老鼠首领带着小老鼠们外出觅食。它们在一户人家厨房的垃圾桶中发现了许多剩余的饭菜，这对于它们来说，是很惊喜的一件事。

正当它们在垃圾桶边大快朵颐之时，突然传来了一阵令它们肝胆俱裂的声音，那是一只猫的叫声。震惊之余，它们纷纷四处逃命，但猫绝不留情，对它们穷追不舍，有两只小老鼠躲避不及，被猫捉到。在猫正要吞噬它们之际，突然传来一声凶恶的狗吠声，猫被吓得转身就跑。

猫走后，老鼠首领施施然从垃圾桶后面走出来说："我早就对你们说过，多学一门外语有百利而无一害。"

【评析】 诸葛亮曾说："才须学也。非学无以广才，非志无以成学。"人的一生如果不学习就会变得单调乏味，整天只会为所谓的"生活"而奔波。因为学习，我们在看到美好的事物时能够脱口而出赞美的话语，受挫时能够冷静地面对；因为学习，我们对自己的生活便有了明确的规划，能够更好地认识自己；因为学习，我们能够从生活中的细小之事中发现新的问题，并不断思考形成新的发现……学习的重要性不言而喻。但是，学习并非易事，尤其是将学习培养成一种习惯，更具挑战性。

那么，如何使沉迷于网络世界的学生树立不断学习的意识呢？我认为，最关键的还在于培养学生形成良好的信息素养。教师可以引导学生利用网络多关注时事，学习新媒体语言的表达，玩游戏时也可以想想游戏设计的思路。社会需要全面性人才，学生的学习不能仅仅停留在课本知识上，还要发散思维，广泛学习。相信没有人会因为知晓太多知识而烦恼，只会有人因为学得太少而抱憾终身。

第 3 节 良好关系

教师和学生是学校教育合作的双方，家长与孩子是家庭教育合作的双方。合作成效与师生关系、亲子关系紧密相关。建立良好的师生、亲子关系，首先一点是要学会尊重孩子，尊重其人格、个性、爱好、差异；其次，师生、亲子共处时应是坦诚的、平等的、信任的。

现代快节奏的生活方式使得父母陪伴孩子的时间越来越少，有的家长长年在外打工，一年难得与孩子在一起待几天。有的家长即使在家，也总是忙自己的，很少与孩子沟通交流。香港特区第五任行政长官林郑月娥的两个孩子学业、人品都很好。有人曾向林郑月娥请教，她的回答很简单："我尽量多陪伴孩子。"有位成功人士也说过："我对孩子的教育就是保证做到每天陪孩子吃一餐饭。"教育的真谛就在这里。

建立良好的师生关系和亲子关系，还表现在要对孩子进行积极的引导上。孩子成长过程中有烦恼、叛逆甚至过错时，教师、家长应予以理解，多多鼓励，可以满足其合理的要求，也要坚决指出其错误的行为并帮助改正。当孩子痴迷于某项活动时，教师、家长要正面引导，千万不能一味打击、嘲讽孩子。教师、家长要引导孩子正确看待这项活动。

“这节课你给我站着听”

——什么样的老师是好老师

师生问答是课堂上一种常规而有效的互动方式。教师通过提问，或是检查学生的知识掌握情况，或是激发学生的创造性思维，或是提醒学生专心于课堂，等等。而对于学生的回答，教师应做出正确的回应。

但在实际教学中，有些教师给予学生的回应是存在问题的，看看下面这个教学片段——

师：××同学，请你说一说，《紫藤罗瀑布》对你的写作有什么启示？

（学生不知所措，满脸通红。）

师：（严厉地）你是不是在走神？老师提问你没听见吗？

生：我……

（学生欲言又止，低下了头。）

师：（恼怒地）这节课你给我站着听！

（学生不满，但只能无奈地站着。）

这样的课堂情景是否能引发我们一些思考呢？

【评析】 这个教学片段我们都比较熟悉，在求学的过程中，我们每个人都经历过许多个性迥异的教师，有的教师温柔体贴，有的教师风趣幽默，而有的教师没有耐心、武断、专横，所呈现出的课堂教学情景也是各不相同。如果遇到的是一位耐心不足、武断、专横的教师，那课堂上就容易出现片段中的一幕。但“站着听”真的能解决问题吗？

大部分教师都是爱学生的，但因为性格、教学任务等原因，使得部分教师不能用合理的方法来教育学生，导致课堂上缺乏沟通，教师与学生互不信任，学生难以有快乐的学习体验，这都是教育的缺憾。

每个学生都是一棵欣欣向荣的树苗，教师的职责是正确引导和启发学生，用循循善诱的语言描绘知识的美好，让学生爱上学习，乐于学习。渴望尊重、渴望理解、渴望认同、渴望赏识，是每个人深层的精神需要。教育应该是和谐的，课堂应该是民主的，教师是课堂秩序的维持者、学生学习的引导者，不是课堂上的“暴君”。创造良好、宽松、自由的学习成长环境，用良好的师德和修养去鼓励和帮助学生，是一名优秀教师必须具备的品质。

新型课堂不再是单方面的输出，而是一个双向的互动。教师营造出宽松、和谐的课堂氛围，再将问题抛出，引导学生学习，学生会更容易接受，学生的创新能力才能得到更好的发挥。如果把“这节课你给我站着听”换成“这节课我们聊聊天，不用拘束，说出你的想法”，那么其效果是迥然不同的。

对“蒋”“毛”姓氏的风趣解说

——幽默话语化困境

1945 年，毛泽东在重庆谈判期间，重庆的文艺界名流邀请他做一次演讲。

演讲结束后，有人提出：“假如谈判失败，国共全面开战，毛先生有无信心战胜蒋介石?”

毛泽东回答说：“国共两党的矛盾是代表着两种不同利益的矛盾。至于我和蒋先生嘛……蒋先生的‘蒋’字是‘将’字头上加棵草，他不过是一位草头将军而已。”说完便发出豪迈的笑声。

“那毛……”

不待那人问完，毛泽东就接着说：“我这个‘毛’字可不是毛手毛脚的‘毛’，而是一个反‘手’，意思就是代表大多数中国人民利益的共产党要战胜代表少数人利益的国民党，易如反掌。”

此言一出，掌声雷动。毛泽东就这样运用幽默的语言将面临的尴尬消弭于无形了。

【评析】 巧化姓氏，趣说历史形势；妙解难题，尽显自信气质。以眼还眼太粗鲁，屈心抑志太懦弱，我们应该成为一个敢于、善于、乐于展现幽默气质的人。

幽默应该内化为人的社交本能。一个机敏得体的回答，一句会心一笑的双关，一次亦庄亦谐的互动，往往能消弭尴尬于无形。当然，我们也不能刻意“制造”幽默，否则它便会沦为做作的僵笑，甚至是恶意的嘲笑。

幽默应该有深厚的文化底蕴作为支撑。解说“蒋”“毛”的话语信心满满，妙趣横生。毛泽东选择人们最熟悉的、意蕴最丰富的汉字作为幽默的载体，既通俗，又雅致。如果毛泽东对汉语的理解浅尝辄止，谈话现场又怎么活泼得起来呢？

幽默应该体现人的自信与自主。如果不是对国共局势成竹在胸，如果不是拥有深厚的语言功底，毛泽东又怎么会有“易如反掌”的妙语？由此可见，要做一个有幽默气质的人，首先应该成为一个自信的人。

诚如林语堂所说：“最上乘的幽默，自然是表示‘心灵的光辉与智慧的丰富’。”且让我们培养幽默气质，像毛泽东一样“易如反掌”地走出困境。

不务正业与务“最正”的业

——黄石港区中小学的健康课堂建设

“一根根普通的筷子，能做成什么呢?”在黄石市广场路小学的“筷”乐课堂上，张学辉老师让学生们自由想象，画出图纸，分组制作。于是，学生们做出了宅院、亭子、桥梁等“建筑物”。其中一个小组的作品——“正双城”，对每个细节都精益求精，显得宏伟而大气。

让校园变成乐园，让自然变成校园，这是黄石港区课堂改革的目标。在“健康课堂建设”校长论坛上，就课堂的延伸与突破，专家和校长进行了多次探讨。探讨声中，铜墙铁壁般的班级课堂“堡垒”一步一步被突破，广场路小学的“筷”乐课堂成了探索的典范。

从传统课堂到特色课堂，是对健康课堂建设内涵的一种探索、突破与延伸。传统的班级课堂已经难以满足学生多样化的个性需求，更难以承载起促进学生全面健康发展的责任。

如今，黄石港区的中小学人人有特长，班班有特点，校校有特色。学子抱“团”发展，延伸的“课堂”成了该区一道靓丽的风景线。如黄石市广场路英才学校，有书法班、绘画班、舞蹈班、国际象棋班……每个学生都能找到自己喜爱的特色课堂。

“建立实验基地，是建设健康课堂的必然途径。”以一至两个县市作为实验基地，研制实验计划，在小学、初中、高中各个年级、各个学科开展健康课堂的实验。每到春季，黄石市江北学校便组织学生去浠水县散花镇田间劳动，让学生体会“粒粒皆辛苦”的含义。黄石市广场路英才学校也会组织学生去大冶市沼山赏桃花，寻找与桃花有关的古诗，并描写赏花场景，让学生在学习中成长。

【评析】 时代在发展，社会对各方面人才的需求及质量都有了大大的提高，黄石港区的课堂改革充分体现了让学生多方面发展的特性。

从传统课堂到特色课堂，黄石港区的中小学人人有特长，班班有特点，校校有特色，学子抱“团”发展，延伸的“课堂”成了该区一道靓丽的风景线——“筷”乐课堂、书法班、绘画班……也许有人会认为这是不务正业，但在新时代，这是在务“最正”的业。

在我们以往的课堂上，教师在台上讲得天花乱坠，学生在台下听得昏昏欲睡，课堂俨然成了拘囿学生的场地。黄石港区的“健康课堂建设”打破常规教学局限，让学生用感兴趣的方式亲自去经历、去体会，从而实现新时代对学生德智体美全面发展的要求。正是这种“不务正业”成了探索的典范，满足了学生多样化的个性需求，承载起了促进学生全面健康发展的责任。这种看似不务正业的教学方式却是在务“最正”的业，让教师获得了职业的发展与生命价值的升华，让学生获得了全面的提高，成为新时代需要的人才。

幽默教学促成长

上课铃响后，教师走进教室准备上课，只见学生聊天的、打闹的、嬉笑的，像完全没有听到上课铃响。教师试图用手势让学生安静下来，但毫无效果，许多学生像根本没有看到他似的，依然喧哗不止。于是教师问道：“我想问大家一个问题，有谁记得辛弃疾的词‘稻花香里说丰年’下句是什么？”学生异口同声地回答：“听取蛙声一片。”随即学生明白了教师的用意，笑过后马上安静下来。

这节课讲授的是《乡愁》，师生正深情地朗读：“小时候，乡愁是一枚小小的邮票，我在这头，母亲在那头……”教师发现有学生开小差望着窗外。读完后，教师说道：“看来有同学真是思乡情切啊，他的乡愁比余光中先生的还要浓厚啊，遥望家乡，看穿了玻璃窗啊……”学生们哈哈大笑起来，开小差的那名学生也开始认真听讲了。

【评析】 在课堂上，教师不仅应该有扎实的教学功底，还应有幽默感。这种幽默感，既源于课前练习，也依赖于对课堂互动的准确把握。

在教学过程中，幽默是必不可少的。子曰：“知之者不如好之者，好之者不如乐之者。”学生就像一簇簇肆意生长的花朵，教师就像花园里的园丁。“疾风暴雨”式的敲打固然能立时见效，却也埋下了叛逆的种子；而“春风化雨”式的滋养虽然见效缓慢，却能让其好好生长，自觉、好学、乐学。因此，课堂上，教师要对教材内容加以生动阐发，对课堂气氛加以灵活调适，对学生的表现加以善意提醒。此时，幽默就显得更加重要了。

然而，幽默应当恰当使用。如果不是正在学习《乡愁》，那么教师的这句“看穿了玻璃窗”就会变成一句嘲讽。如果不是在适当的场合，没有合适的态度、精当的语言、巧妙的点拨，幽默就成了单纯的俏皮话，教学相长的目标就无法实现。

换句话说，教师应当有幽默的自觉。所谓自觉，就是自我省悟、自我调整。一方面，教师的幽默感应源于教学基本功；另一方面，教师的亲和力也在不断调整其教学的效果。《乡愁》之味，应当融于厚积薄发的幽默感，化于笑逐颜开的深印象。

就让我们善用语言，巧用幽默，让教学成为一门艺术吧！

赏识的力量

小明的妈妈很懂得赏识孩子。

上幼儿园时，小明做游戏总是比其他的小朋友慢些，显得笨拙些，他得的大红花相对也少些。妈妈总是笑着对他说："你以后会得到很多的。"

小明上小学了，他和同桌小亮比学习，小亮得了第 20 名，小明得了第 30 名。小明问妈妈："我是不是很差？"妈妈笑着说："你会进步的。"

到了初中小明和小亮都很用功，小亮得了第 5 名，小明得了第 20 名。小明问妈妈："我是不是太笨了？为什么总比小亮差这么多呀？"妈妈笑着说："谁说的？你的进步也很大啊，妈妈很自豪有你这么一个不断努力、不断进步的儿子。"

初二暑假，妈妈带小明去看了一次大海。后来，小明中考考上了省重点中学，高考考上了清华大学。

小明大学毕业后，母校请他回校谈感受，小明深情地对大家说："我能取得今天的成绩除了要感谢我的老师外，还要感谢我的妈妈。这些年，妈妈一直鼓励我、支持我，特别是那一次妈妈带我去看海，印象太深了。一些小鸟喜欢在海滩追逐嬉闹，海水涨潮时，小鸟们便不停地拍打着翅膀想飞起来，灰雀反应很快，几乎从未被海水打湿过翅膀，海鸥总是较慢，每次海水总是打湿海鸥的翅膀，海鸥得努力几次才能摆脱海水的侵袭，可恰恰在这些小鸟中只有海鸥才能飞过大海，因为它从未停止过努力，从未因受到挫折而放弃，反而因连续的挫折练就了飞越大海的意志和本领。妈妈告诉我，不要着急于眼前的成绩，只要坚持努力，每天取得一点儿进步，最后，生活肯定会给我一个大大的惊喜。"

【评析】 这是一个过分注重效率的时代。人们过于吝惜自己的耐心，有时候就很难着眼于长远，无论是对人或对事。我很佩服小明的妈妈，即使小明到了初中成绩依然落后于人，她也没有丧失信心和耐心，而是继续鼓励小明。我想，有这样的母亲，就算小明未来没能成为人中龙凤，至少也是一个勤勉、踏实、自信且值得信任的人。小明的妈妈是一位成功的母亲，但不是每个人都有这样的妈妈，许多时候我们只有自己支持自己，自己提醒自己，要不懈努力，不轻言放弃，无论身处怎样的逆境，都要像食指写的那样：“相信不屈不挠的努力，相信战胜死亡的年轻，相信未来、热爱生命。”

榜样的力量

高考状元在接受采访时，很少提起教师对他们口头上的教诲，说得更多的是教师在行为上对他们的感染。

安徽高考状元××说："偶尔我也会厌学，不想看书，老师就会陪我聊天，探讨人生，虽然他没教育我要认真学习，但是他对生活的热爱和追求激励了我。"

广东高考状元××说："老师是一个比我们更爱学习的人，课余时间读书、做笔记、做课题……平时上课总是旁征博引，他渊博的知识深深地吸引了我们。老师用他的实际行动教育我们：知识无尽，活到老，学到老。唯有知识不会受岁月的侵蚀，只有知识才能让人永远散发魅力。"

【评析】 常言道，言传不如身教。高考状元们对以往经验进行总结，认为是教师的实际行动深深地影响了自己。确实，十个空谈家也比不上一个实干家，言语为人织造华丽的梦，但行动才能为梦打造基石。在教育上，实干主义发挥了极大的作用。试想，让学生看到勤勤恳恳工作的教师，所激发的学习热情远比空听无数遍"要好好学习"的泛泛之言要有效得多！人们常说，实干兴邦，但我们总能在生活中遇到夸夸其谈的人与不注重实际的事。适当的理论可以更好地促进行动，若无理论的指导，行动便会无处安放。

言传身教不应只在学校中，更应在家庭中。许多家长抱怨孩子总打游戏而无心学习，却忘记了自己经常手机不离手；只从言语上苛求孩子认真学习，却忘了自己作为家长对孩子的示范作用。这是不是另外一种空谈？从行为上为孩子树立榜样，孩子才有可能克制住自己，就像家长克制自己一样！

课堂上的师德

教师职业是一项高尚、神圣的职业，许多教师为了教好学生可以说是殚精竭虑。我们经常能看到这样的情形：一些教师的课堂生动活泼，有掌声、笑声和讨论声；课下教师和学生谈心，关注学生的成长，和学生打成一片；同时他们也专注自己的成长，最终收获了职业幸福感。他们说："做教师真幸福!"

也有这样的情形：一些教师的课堂死气沉沉，课堂上只有教师的声音，没有学生的声音；师生关系不和谐，和学生沟通交流时，总是受到学生的抵触甚至敌视，家长对他们也是意见不小。他们感叹："做教师真累!"

为什么会有如此不同的结果呢？这是值得教师认真反思的一个问题。

【评析】 现今，教育问题越来越受到社会的关注，许多地方纷纷兴起课堂改革，由此也出现了两种截然不同的课堂现象，一种是教师与学生热切商讨，互动对话；另一种则是教师全盘"填鸭式"教育，将自己所要教授的内容一股脑儿讲给学生，而不管学生是否在听、在思考，课堂死气沉沉的。这看起来是两种不同的课堂教学模式造成的，实际上却是教师的教育理念不同、对教书育人的理解不同造成的。正因为这些不同，同样是教师，有的人以此为乐，获得了职业幸福感，有的人却抱怨教书辛苦。

可以说，教育是一个国家的头等大事，而站在教育第一线的教师更是承担着重大的责任。在一个人的成长过程中，对其影响最大的除了家庭，便是教师。教师最重要的责任就是要引导学生形成正确的世界观、人生观、价值观，塑造健康健全的人格。

许多教师都是真正热爱教书育人这一工作的，他们牢记自己的责任，将引导、教育学生视为最大的幸福，时时刻刻都保持着极大的工作热情，而这也是教师良好师德的一种表现。也有极少部分教师只是将教书育人作为一份平常的、为了养家糊口的职业，将教育学生视为枯燥的、不得不完成的工作任务，自然也就没有什么工作热情了，这样的教师意识不到教师这一身份对学生的影响，可以说在师德方面是有所欠缺的。

两种截然不同的课堂现象，折射出的是教师在师德方面的优劣差异。

“关心”是最好的教育

“李老师，您要多休息，我们会努力的。”不知是谁偷偷把小纸条夹在李老师的书中，嘱咐他注意身体。那一刻，李老师觉得这两年的辛苦付出是值得的。他不由得在心中暗暗自语：“爱你们，我人小鬼大的孩子们!”

“李老师，我看您嘴角都起泡了，您要多喝水。”和学生们在一起时，像这样关心问候的话语李老师时常能听到，对此他觉得很幸福。

作为教师，李老师“传道受业解惑”；作为学生的朋友，李老师喜欢这些学生，关心他们，包容他们。可以说，这群学生是李老师的一笔财富。李老师对学生的爱，让师生关系更为融洽；学生对李老师的爱，让李老师感动，让他觉得很幸福。他期望这份爱一直持续下去，希望这些学生在爱的催化下能健康茁壮地成长!

【评析】 一位教师一生中会教导无数的学生，但一个学生一生中只会遇有限的数位教师。在师生交往中，学生从教师那里收获到爱与关怀，会以同样甚至更多的爱与关怀回报教师。

“如果说有什么是作为一个地理老师最开心的事，那一定是……”这是前几天我在朋友圈里看到一位高中地理教师发的一段话，后面跟着的内容中提到了一个学生的名字。因为那名学生旅行期间，给她寄来了明信片——

因为有您，所以才有现在的我。从今往后的日子里，我又怎会忘记您?

教师会在学生的记忆中留下不可磨灭的印象，甚至影响其今后的人生道路。学生都是在纯净如白纸的年纪遇见教师的，教师的一言一行，就像放进空罐子里的各种调料，你放进去什么，就能品味到什么。

一辈子做教师，一辈子学做教师

五年级的泰迪·史塔特是一个邋遢、上课不专心的小男孩。汤普逊老师很喜欢用粗红笔在泰迪的考卷上画大大的叉，然后在最上面写个“不及格”！

某一天，汤普逊老师检视学生以前的学习记录表时，意外地发现泰迪之前的老师给他的评语。

一年级老师这样评价：“泰迪是个聪明的孩子，待人接物有礼貌，总是面带笑容，他的作业很整洁，他让周围的人很快乐！”

二年级老师这样评价：“泰迪是个很优秀的学生，同学们都喜欢他，但他的母亲患了绝症，他很担心，家里生活一定不好过！”

三年级老师这样评价：“母亲过世了，泰迪一定不好过，他很努力表现，但父亲总不在意，若再没有改善，他的家庭生活将严重打击他。”

四年级老师这样评价：“泰迪因为家庭原因，有些退缩了，对课业提不起兴趣，没有什么朋友，有时还在课堂上睡觉。”

直到现在，汤普逊老师才了解泰迪的困难，她深感羞愧。

圣诞节来临前，她收到泰迪送的圣诞礼物。别人的礼物用缎带及包装纸装饰得漂漂亮亮，泰迪送的礼物却是用杂货店的牛皮纸袋捆起来的。汤普逊老师更觉得难过。汤普逊老师忍着心酸，当着全班孩子的面折开泰迪的礼物。有的孩子开始嘲笑泰迪送的圣诞礼物：一条假钻手环，上面还缺了几颗钻石，另外一个是一瓶只剩四分之一的香水。但是汤普逊老师不但惊呼漂亮，还带上手环，并喷了一些香水在手腕上，其他小朋友全愣住了。

放学后，泰迪留下来对汤普逊老师说：“老师，你今天闻起来好像我妈妈哦！”

等泰迪回家了，汤普逊老师整整哭了一个小时。就在那一天，汤普逊老师不再教“书”：不教阅读、不教写作、不教数学，而是开始“教育孩童”！

汤普逊老师开始特别关注泰迪，而泰迪的心似乎重新活了过来。汤普逊老师越鼓励泰迪，泰迪的反应越快，学习越努力，到了学年尾声，泰迪已经成为班上最聪明的孩子之一。

后来，泰迪以优异的成绩高中毕业。他在给汤普逊老师的留言中说，汤普逊老师是他一生遇到的最棒的老师！

再后来，泰迪写信告诉汤普逊老师，他大学毕业后决定继续攻读更高的学位，又不忘再说一次，汤普逊老师仍是他这一生遇到的最棒的老师，而这封信的结尾多了几个字“泰迪·史塔特医师”。

故事还没结束呢！隔年春天，汤普逊老师又收到了一封信，泰迪说他遇到生命中的女孩，马上要结婚了，泰迪解释说他的父亲几年前过世了，他希望汤普逊老师可以参加他的婚礼并坐上属于新郎“母亲”的位置。汤普逊老师完成了泰迪的心愿。

但你知道吗？汤普逊老师竟然戴着当年泰迪送她的假钻手环，还喷了同一瓶香水，是泰迪母亲过世前最后一个圣诞节用过的香水。他们互相拥抱，已是博士的泰迪悄悄在耳边告诉汤普逊老师：“汤普逊老师，谢谢您相信我，谢谢您让我觉得自己很重要，让我相信我有能力去改变。”

汤普逊老师热泪盈眶地告诉泰迪：“泰迪，你错了！是你教导我、让我相信我有能力去改变，直到遇见你，我才知道该怎么当老师！”

【评析】 教育，是心与心的交流。汤普逊老师因为了解了泰迪的遭遇，而对泰迪付出了自己的爱；泰迪因为老师对自己的爱，变得越来越优秀。很多时候，教育并不仅仅是“教书”，更重要的是“育人”，走进学生的内心，用心和学生真诚对话，或许比简单地教给学生知识更能让学生成长起来。在教育学生的同时，教师的心扉也会不知不觉地敞开，教师也会获得不断的成长。

教育是“一个不完美的大孩子领着一群不完美的小孩子一起追求完美

的过程”，在这个过程中，他们一起成长，成为并肩作战的亲密战友。教育，重要的不是最后的结果，而是教育过程，以及身处这一过程中的人。学生的一生，很可能因为某个教师而发生巨大的改变；而教师的一生，也可能因为某个学生而发生改变。师生就像是一个共同体，学生也可以是教师，教师也可以是学生，在教育过程中实现共同的成长。心与心的交流是相互的，当你用心浇灌一片沙漠的时候，总有一天沙漠上会开出漂亮的花。

当然，心与心的交流也需要技巧，如尊重学生、温暖学生、重视学生的内心、有耐心，这些都是教师与学生形成良好对话关系的“敲门砖”。汤普逊老师用自己的爱温暖了泰迪，换来了两人真挚的感情。“爱”这个字眼，用在哪里都合适，教师对学生有爱，学生对教师有爱，这便是教育所需要的情感，只有为教育注入这样的情感，才算是真正的育人。

后　　记

书稿完成后，我总有意犹未尽之感，教育说不完道不尽，它早已成了我生活中的一部分。本书对一些教育案例的思考多为个人之见，多有偏颇。但可以作为一个靶子，供大家批评斧正。在此书的编撰过程中，我得到了众多朋友的大力帮助。康庄、张传萍、邓天玉、李新华、李红玲、蔡凤珍、张恭奇、陈晓利、黄皓等人协助进行了大量的案例筛选、分析及解读，全国最美乡村教师邓丽、秦开美及最美教师张龙，为书中观点提出了建议，雷万鹏、杜时忠、王传毅、关虹等专家教授为此书提出了指导意见，还有一些朋友和同事在平时的交流中给了我很多启发。在此，一并表示感谢！